Versailles privé

VERSAILLES IN PRIVATE

Versailles privé

VERSAILLES IN PRIVATE

NICOLAS B. JACQUET

Photographies
CHRISTOPHE FOUIN

Traduction
FUI LEE LUK

PARIGRAMME

CHÂTEAU DE VERSAILLES

Sommaire
Contents

8 Plans

18 Le temps suspendu
Time at a standstill

21 Le métier de courtisan
Profession, courtier

24 Un logement de fonction
Official housing

28 Le domaine de la reine
The queen's domain

32 La Maison de la reine
The Queen's Household

36 Avoir ses entrées chez la reine
Access to the queen

52 Les arrière-cabinets de la chambre de parade
The rear rooms of the ceremonial chamber

68 Les appartements du rez-de-chaussée
The ground-floor apartments

86 L'étage des cabinets intérieurs de la Reine
The queen's upstairs inner rooms

98 Les privances estivales du Petit Trianon
Private summer gatherings at the Petit Trianon

116 Le domaine du roi
The king's domain

120 L'hôtel particulier de la cour des Cerfs
The *hôtel particulier* at the Courtyard of the Stags

140 Être reçu chez le roi
A guest of the king

156 L'espace du travail souverain
The sovereign's workspace

170 Les dépendances de la chambre du Roi
The annexes of the King's Chamber

184 Les cabinets scientifiques sur la cour des Cerfs
The scientific rooms over the Courtyard of the Stags

192 L'appartement d'en haut
The upstairs apartment

202 Le Petit Appartement du Roi
The King's Small Apartment

REZ-DE-CHAUSSÉE DU CORPS CENTRAL DU CHÂTEAU

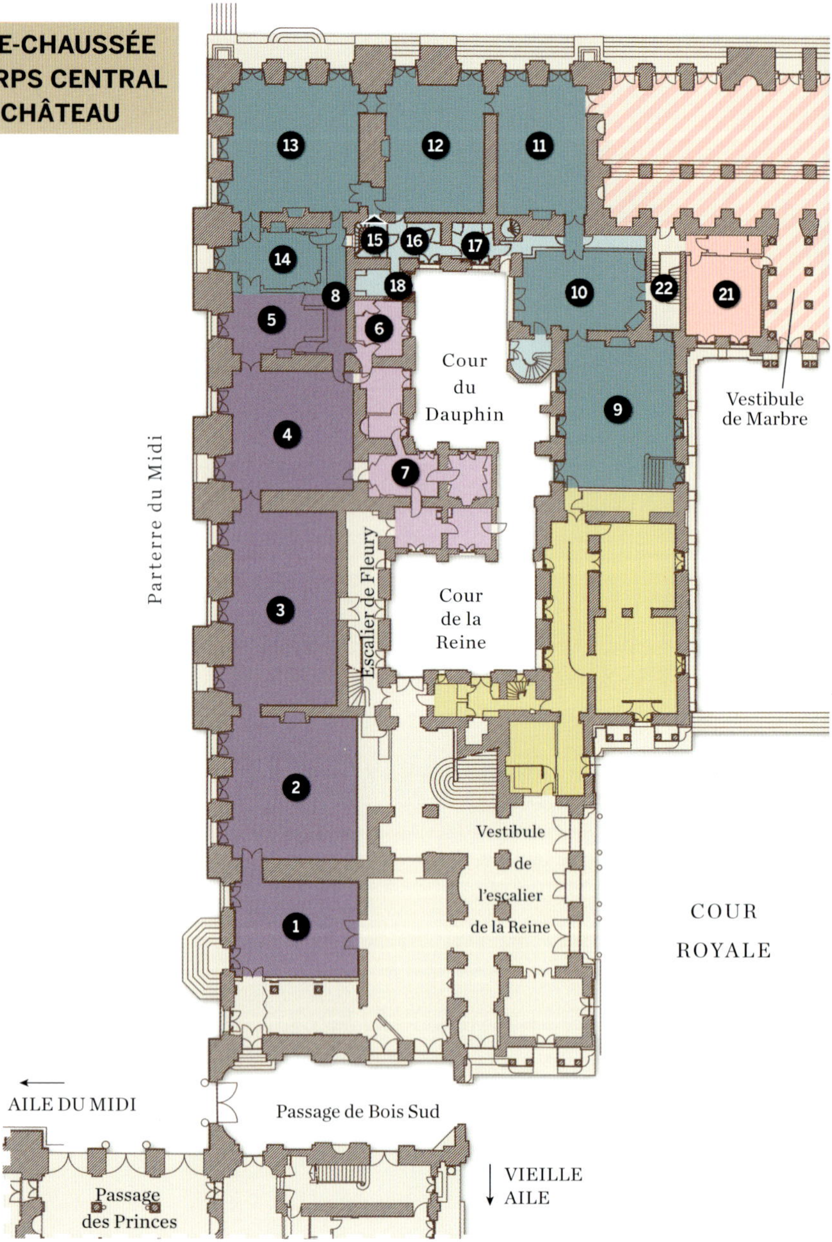

Attributions des pièces

- Appartement de la Dauphine
- Arrière-cabinets de la Dauphine
- Appartement du Dauphin
- Arrière-cabinets du Dauphin
- Petit Appartement de la Reine
- Dont parties non conservées
- Appartements de Mesdames
- Dont parties non conservées (Madame Adélaïde)
- Arrière-cabinets de Mesdames

GROUND FLOOR OF THE PALACE'S CENTRAL BODY

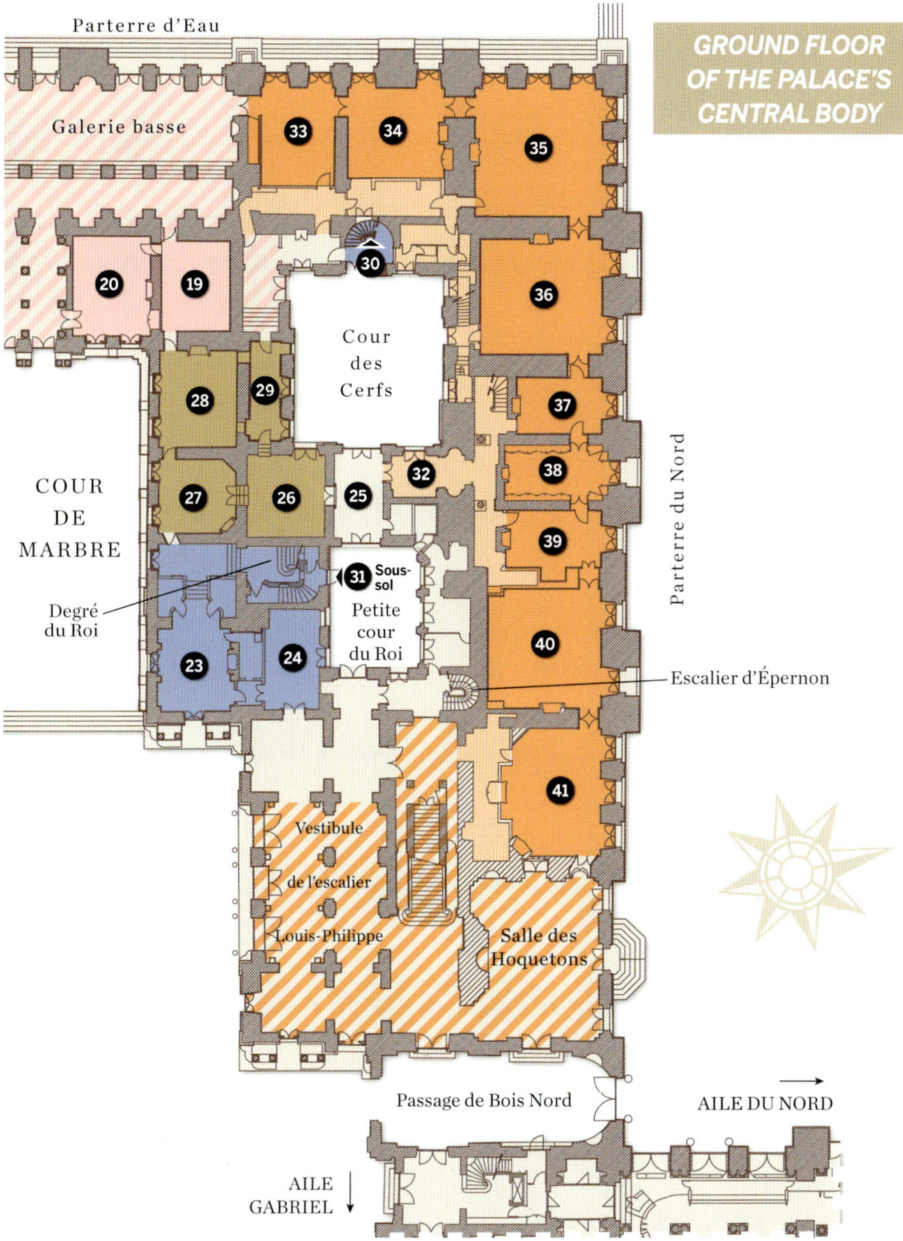

- Entrée de l'appartement intérieur du Roi sur la cour royale
- Appartement du capitaine des gardes du Roi
- Librairie (ancien appartement du grand maître de la Garde-robe du Roi)

Légende des numéros : cf. p. 12-13

10 m

ÉTAGE NOBLE

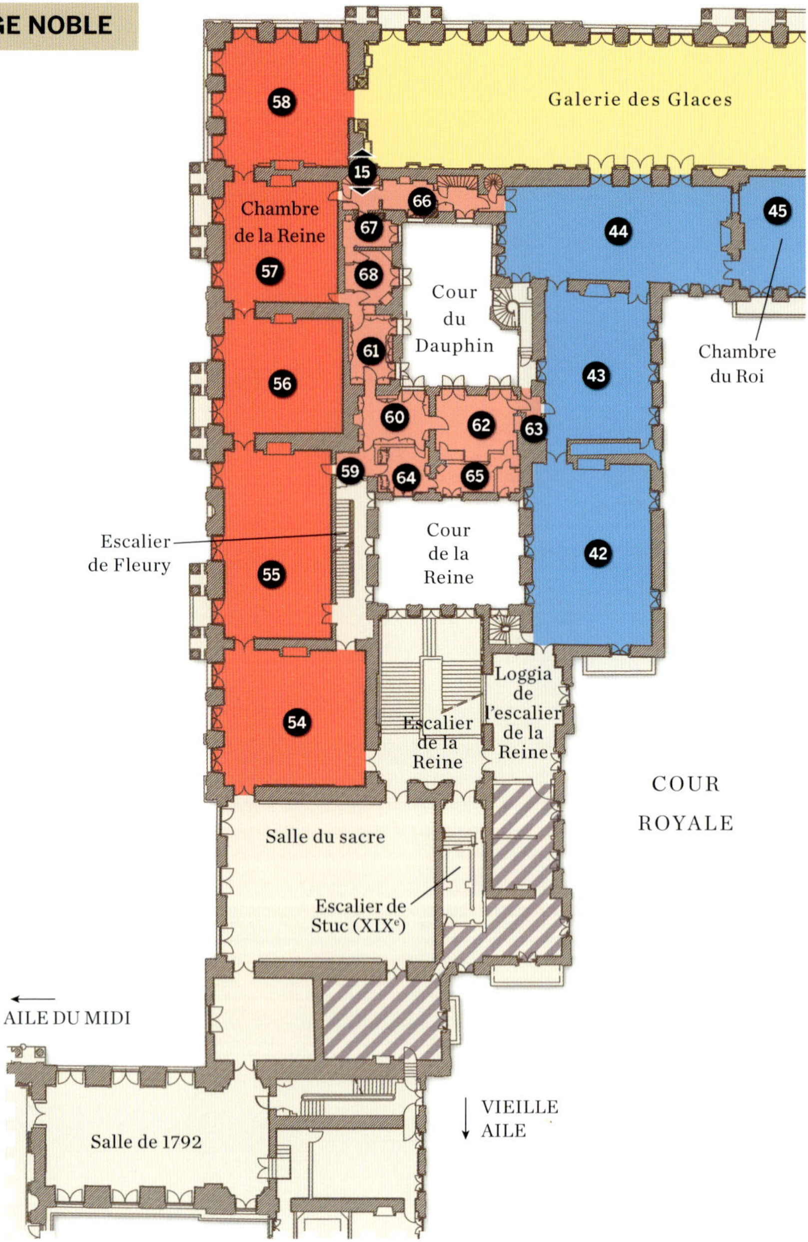

Attributions des pièces

- Grand Appartement de la Reine
- Cabinets intérieurs de la Reine
- Ancien appartement de madame de Maintenon
- Appartement du Roi
- Grand Appartement du Roi
- Appartement intérieur du Roi

"BEL ETAGE" (SECOND FLOOR)

Légende des numéros : cf. p. 12-13

REZ-DE-CHAUSSÉE DU CORPS CENTRAL DU CHÂTEAU / *GROUND FLOOR OF THE PALACE'S CENTRAL BODY*

APPARTEMENT DE LA DAUPHINE / *APARTMENT OF THE DAUPHINE*

1 PREMIÈRE ANTICHAMBRE
2 SECONDE ANTICHAMBRE
3 GRAND CABINET
4 CHAMBRE À COUCHER
5 CABINET INTÉRIEUR
6 CABINET DES BAINS
7 SALLE À MANGER DES ARRIÈRES-CABINETS DE LA DAUPHINE
8 COULOIR DE CIRCULATION ENTRE L'APPARTEMENT DE LA DAUPHINE ET DU DAUPHIN

APPARTEMENT DU DAUPHIN / *APARTMENT OF THE DAUPHIN*

9 SALLE DES GARDES
10 PREMIÈRE ANTICHAMBRE
11 SECONDE ANTICHAMBRE
12 CHAMBRE À COUCHER
13 GRAND CABINET
14 BIBLIOTHÈQUE
15 ESCALIER MENANT AUX CABINETS INTÉRIEURS DE LA REINE
16 CABINET DE LA GARDE-ROBE
17 CABINET DES BAINS
18 CABINET DE LA CHAISE

PETIT APPARTEMENT DE LA REINE / *QUEEN'S SMALL APARTMENT*

19 ANCIENNES PIECES DE SERVICE DE LA CHAMBRE À COUCHER
20 CHAMBRE À COUCHER
21 CABINET DES BAINS
22 ESCALIER DES PORTEURS D'EAU

ENTRÉE DE L'APPARTEMENT INTÉRIEUR DU ROI SUR LA COUR ROYALE / *ROYAL COURTYARD ENTRANCE OF THE KING'S INTERIOR APARTMENT*

23 VESTIBULE DU DEGRÉ DU ROI OU PETITE SALLE DES GARDES DU CORPS
24 RÉCHAUFFOIR DES GARDES DU CORPS
25 VESTIBULE ENTRE LA PETITE COUR DU ROI ET LA COUR DES CERFS
30 ESCALIER SEMI-CIRCULAIRE, ESCALIER PRIVÉ DU ROI
31 PASSAGE VERS LA CAVE DU ROI (AU SOUS-SOL)

APPARTEMENT DU CAPITAINE DES GARDES DU CORPS DU ROI / *APARTMENT OF THE CAPTAIN OF THE KING'S BODYGUARDS*

26 ANTICHAMBRE
27 GRAND CABINET
28 CHAMBRE À COUCHER
29 CABINET INTÉRIEUR

APPARTEMENTS DE MESDAMES (FILLES DE LOUIS XV) / *APARTMENTS OF THE MESDAMES (DAUGHTERS OF LOUIS XV)*

• APPARTEMENT DE MADAME VICTOIRE

33 PREMIÈRE ANTICHAMBRE
34 SECONDE ANTICHAMBRE
35 GRAND CABINET
36 CHAMBRE À COUCHER
37 CABINET INTÉRIEUR
38 BIBLIOTHÈQUE

• APPARTEMENT DE MADAME ADÉLAÏDE

39 CABINET INTÉRIEUR
40 CHAMBRE À COUCHER
41 GRAND CABINET

32 ARRIÈRE-ENTRÉE COMMUNE DES APPARTEMENTS DE MESDAMES

ÉTAGE NOBLE / *« BEL ÉTAGE » (SECOND FLOOR)*

APPARTEMENT DU ROI / *KING'S APARTMENT*

42 SALLE DES GARDES
43 PREMIÈRE ANTICHAMBRE
44 ANTICHAMBRE DE L'ŒIL-DE-BŒUF
45 CHAMBRE DU ROI
46 CABINET DU CONSEIL

GRAND APPARTEMENT DU ROI / *KING'S GRAND APARTMENT*

47 SALON DE L'ABONDANCE
48 SALON DE VENUS
49 SALON DE DIANE
50 SALON DE MARS
51 SALON DE MERCURE
52 SALON D'APOLLON OU SALLE DU TRÔNE
53 SALON DE LA GUERRE – PREMIER SALON DE LA GALERIE DES GLACES

GRAND APPARTEMENT DE LA REINE / *QUEEN'S GRAND APARTMENT*

54 SALLE DES GARDES
55 ANTICHAMBRE DITE DU GRAND COUVERT
56 PIÈCE DES NOBLES OU SALON DE LA REINE
57 CHAMBRE DE LA REINE
58 SALON DE LA PAIX – DEUXIÈME SALON DE LA GALERIE DES GLACES

CABINETS INTÉRIEURS DE LA REINE – PREMIER NIVEAU ENTRESOLÉ / *QUEEN'S INNER ROOMS – ENTRESOL FIRST LEVEL*

59 PREMIER VESTIBULE
60 SECOND VESTIBULE OU SUPPLÉMENT DE LA BIBLIOTHÈQUE
61 BIBLIOTHÈQUE
62 GRAND CABINET INTÉRIEUR
63 ARRIÈRE-CABINET
64 CABINET DES BAINS
65 CHAMBRE DE REPOS DU CABINET DES BAINS
66 CABINET DE TOILETTE ET CORRIDOR DU SERVICE DE LA CHAMBRE DE LA REINE
67 CABINET DE LA CHAISE
68 CABINET DE LA MÉRIDIENNE

APPARTEMENT INTÉRIEUR DU ROI / *KING'S INTERIOR APARTMENT*

69 ANTICHAMBRE AU PALIER DU DEGRÉ DU ROI OU ANTICHAMBRE DES CHIENS
70 SALLE À MANGER DITE DES RETOURS DE CHASSE
71 PIÈCE DES BUFFETS DE LA SALLE À MANGER
72 CABINET DE LA PENDULE
73 CABINET INTÉRIEUR DU ROI OU CABINET D'ANGLE
74 ARRIÈRE-CABINET DU ROI, DIT CABINET NOIR OU CABINET DES DÉPÊCHES
75 CABINET DE LA CHAISE HYDRAULIQUE DE L'ARRIÈRE-CABINET DU ROI
76 CABINET DORÉ OU SALON DU CAFÉ
77 TRÈS-ARRIÈRE-CABINET
78 BIBLIOTHÈQUE
79 VESTIBULE DES « SALLES NEUVES », DIT SALLE DU BILLARD
80 SALLE À MANGER DES « SALLES NEUVES » DITE DES PORCELAINES
81 SALON DES JEUX DES « SALLES NEUVES »
82 CHAMBRE À COUCHER
83 CABINET DE LA GARDE-ROBE
84 CABINET DES BAINS
85 CABINET DES PERRUQUES
86 CORRIDOR À L'ARRIÈRE DU GRAND APPARTEMENT DU ROI (OU GALERIE DE GÉOGRAPHIE)

COMBLES DU VIEUX CHÂTEAU – SECOND ÉTAGE

Attributions des pièces

- Cabinets intérieurs de la Reine
- Petit Appartement du Roi
- dont parties non conservées
- Niveau supérieur des pièces d'apparat de l'étage noble

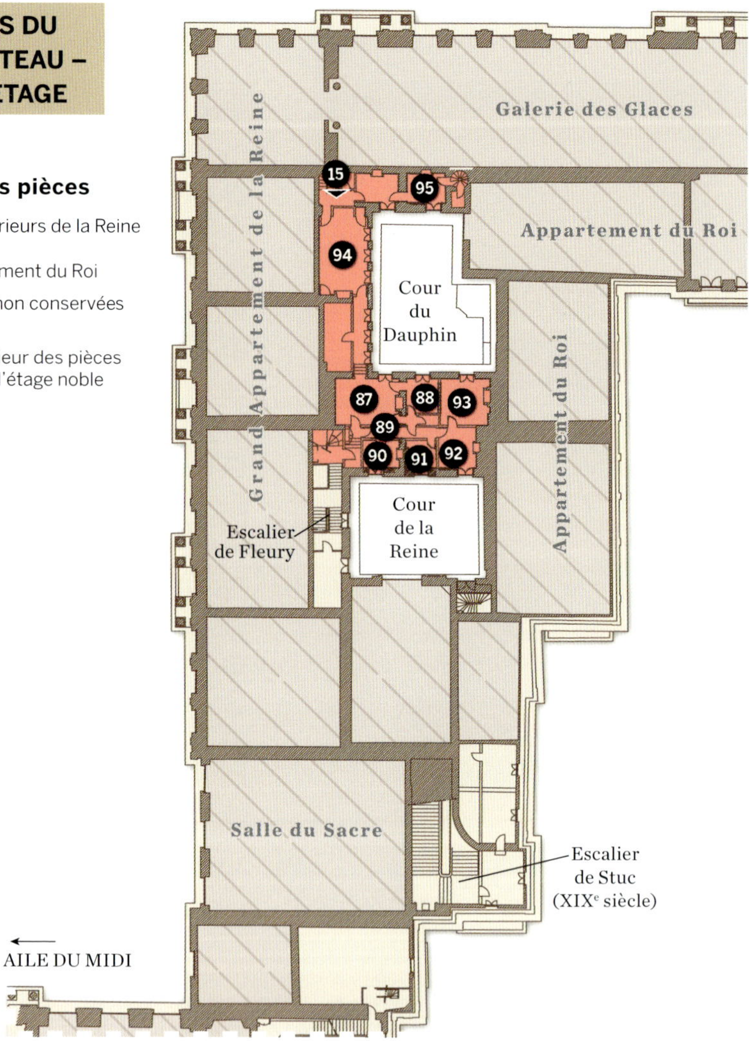

CABINETS INTÉRIEURS DE LA REINE – DEUXIÈME NIVEAU / *QUEEN'S INNER ROOMS – SECOND LEVEL*

- 87 SALLE À MANGER
- 88 BOUDOIR
- 89 COULOIR DE SERVICE
- 90 PIÈCE DE JOUR DE LA PREMIÈRE FEMME DE CHAMBRE
- 91 PIÈCE DE JOUR DES FEMMES DE CHAMBRE
- 92 PIÈCE DE JOUR DE LA FEMME DE LA GARDE-ROBE DES ATOURS
- 93 SALLE DES BUFFETS OU PIÈCE COMMUNE
- 94 CABINET DU BILLARD OU SALON DE COMPAGNIE
- 95 PIÈCES DES VALETS DE CHAMBRE DITES « APPARTEMENT DE FERSEN »

PETIT APPARTEMENT DU ROI / *KING'S SMALL APARTMENT*

• APPARTEMENT DE MADAME DU BARRY

- 96 ANTICHAMBRE AU PALIER DU DEGRÉ DU ROI
- 97 BIBLIOTHÈQUE
- 98 SALON D'ANGLE OU SALON DES JEUX
- 99 BRAISIÈRE DU ROI AU PALIER DU DEGRÉ DU ROI
- 100 GRAND CABINET (ANCIENNE PETITE GALERIE DU ROI)
- 101 SALLE A MANGER
- 102 ANTICHAMBRE DES BUFFETS OU DES BAINS
- 103 CABINET DES BAINS

ATTIC OF THE "VIEUX CHATEAU" – THIRD FLOOR

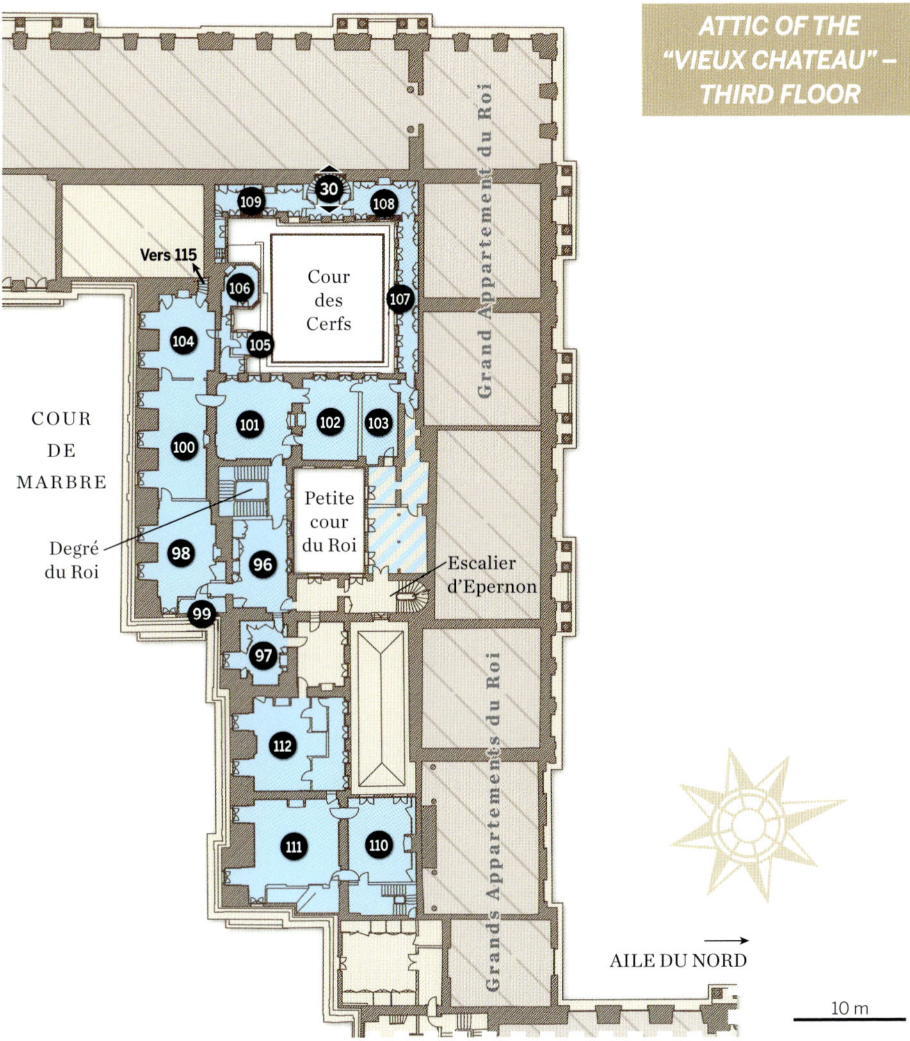

- 104 CHAMBRE À COUCHER (ANCIENNE PETITE GALERIE DU ROI)
- 105 CABINET DE LA CHAISE HYDRAULIQUE
- 106 CHAMBRE DE VEILLE DE LA FEMME DE CHAMBRE

• CABINETS SCIENTIFIQUES DU ROI – PREMIER NIVEAU

- 107 GALERIE DU TOUR (ANCIENNE GARDE-ROBE DE MADAME DU BARRY)
- 108 CABINET DU TOUR POUR LE BOIS
- 109 CABINET DE CHIMIE

• APPARTEMENT DU COMTE DE MAUREPAS

- 110 ANTICHAMBRE
- 111 GRAND CABINET
- 112 CHAMBRE À COUCHER

ATTIQUE DU CHÂTEAU NEUF – SECOND ÉTAGE

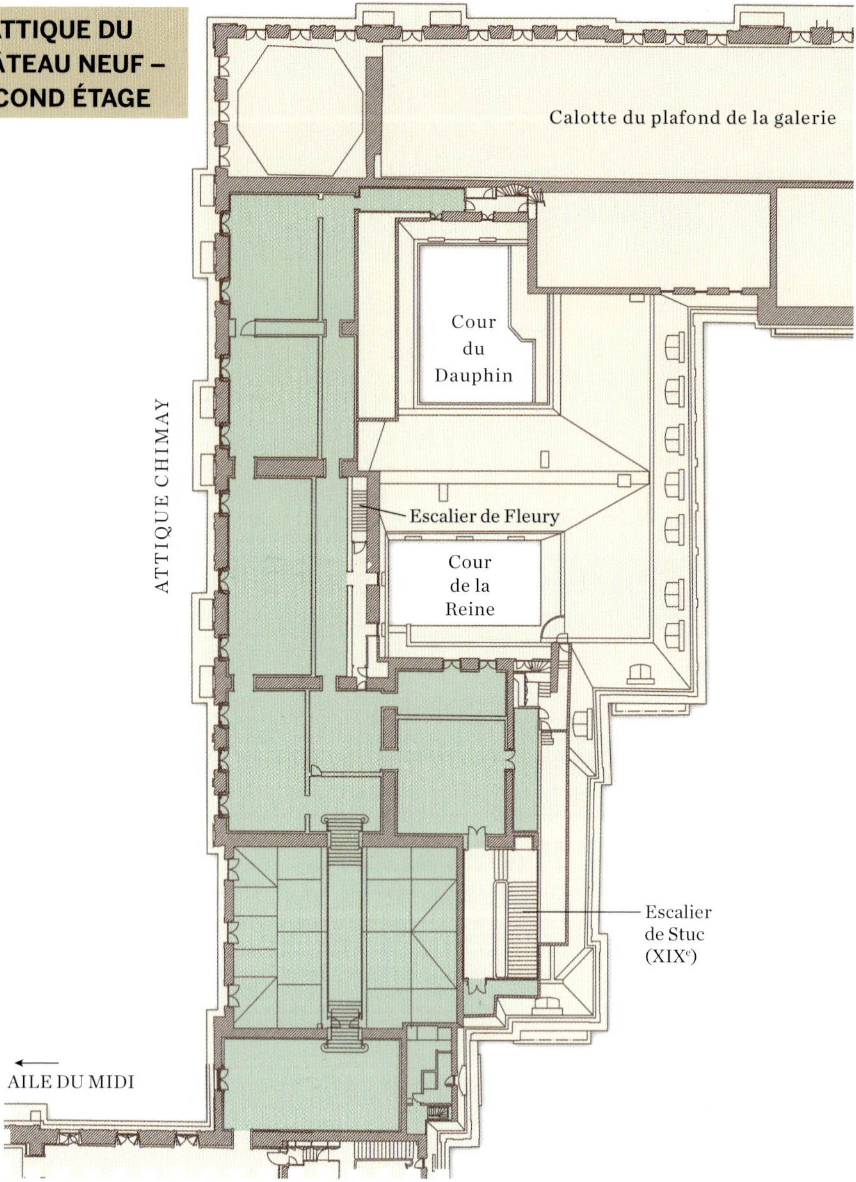

Attributions des pièces

- Petit Appartement du Roi
- dont parties non conservées
- Premier appartement de madame de Pompadour dans l'attique
- dont parties non conservées
- Salles du musée de l'Histoire de France (XIXe s.)

SUITE DU PETIT APPARTEMENT DU ROI /
KING'S SMALL APARTMENT

• CABINETS SCIENTIFIQUES DU ROI – SECOND NIVEAU

113 SUPPLÉMENT DE BIBLIOTHÈQUE

114 CABINET D'ARTILLERIE DU ROI

115 GRANDE BIBLIOTHÈQUE DES COMBLES

116 NIVEAU DE LA FORGE DU ROI

ATTIC OF THE "CHATEAU NEUF" – THIRD FLOOR

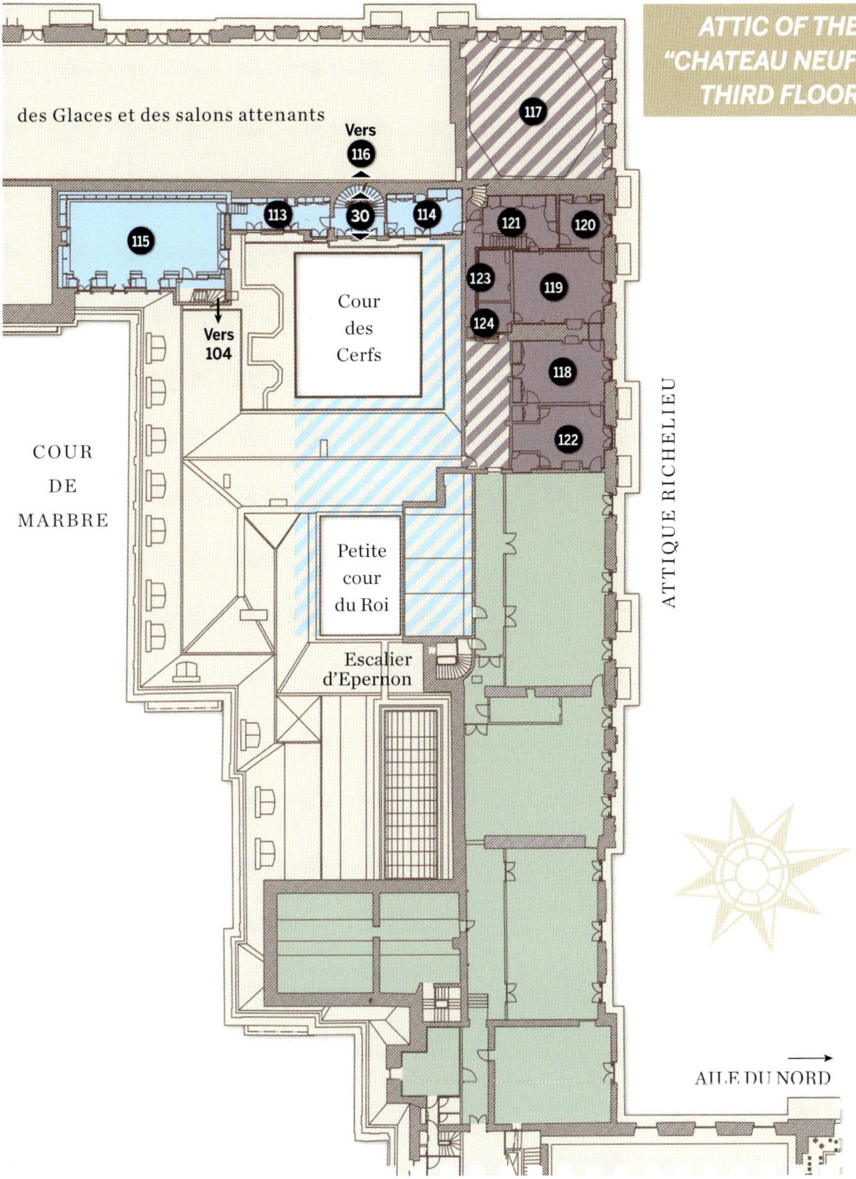

PREMIER APPARTEMENT DE MADAME DE POMPADOUR / *MADAME DE POMPADOUR'S FIRST APARTMENT*

- **117** ANCIENS CABINETS DE RETRAITE DU ROI, PREMIERS CABINETS DES FAVORITES (CALOTTE DU PLAFOND DU SALON DE LA GUERRE)
- **118** ANTICHAMBRE
- **119** GRAND CABINET
- **120** CABINET INTERIEUR
- **121** GARDE-ROBE
- **122** CHAMBRE À COUCHER
- **123** CABINET DE LA CHAISE
- **124** GARDE-ROBE DE LA CHAISE

10 m

Le temps suspendu
Time at a standstill

Soulignera-t-on jamais assez les contrastes des trois règnes versaillais ? Louis XIV, roi flamboyant, est l'incarnation du pouvoir absolu, Louis XV, roi taciturne, maintient le protocole établi par son arrière-grand-père mais le vide de son contenu politique et laisse libre cours à ses passions sensuelles, tandis que Louis XVI, roi savant, s'enferme dans sa bonhomie et se dévoue à sa famille. Ces différences s'illustrent également au féminin dans les personnes de madame de Maintenon, pieuse reine morganatique et stratège de l'ombre, de Marie Leszczynska, reine discrète incarnant une figure quasi mariale et de Marie-Antoinette, reine frivole revendiquant sa liberté.

Ces caractères marqués modèlent tour à tour le château selon leur disposition et leur fantaisie, composant avec le protocole et la distance qu'exige la mise en scène de la souveraineté. La cour est en effet un lieu ouvert où l'exercice quotidien du pouvoir se prête au regard de tous. En 1682, Louis XIV a souhaité un « Versailles public » qui imposera dès lors la création d'espaces nouveaux de « privances », lesquels deviennent des espaces de privilèges. Pour les courtisans, les rituels ne s'estompent que par la grâce d'une faveur ; le roi est seul juge des rapprochements sortant du cadre d'un ballet bien réglé et forme à sa guise ses cercles intimes pour échapper à une machinerie qui ne cesse de s'alourdir et de se rigidifier avec le temps. Il s'affranchit ainsi temporairement de la courtisanerie pour mieux réapparaître, auréolé de sa

Is it possible to overemphasize the differences between the three reigns at Versailles? Louis XIV, a flamboyant king, was an incarnation of absolute power, Louis XV, a taciturn king, maintained the protocol set down by his great-grandfather but emptied it of political clout, abandoning himself instead to his sensual passions, while Louis XVI, a scholarly king, clad himself in bonhomie and devoted himself to his family. Contrast also marks their female consorts, namely Madame de Maintenon, a pious morganatic queen and hidden strategist, Marie Leszczynska, a discreet queen with a Holy Mary-like aura, and Marie-Antoinette, a frivolous queen who insisted on her liberty.

One by one, these distinctive characters modeled the palace according to their tastes and whims, factoring in the formalities and distance imposed by the staging of power. Indeed, the court was an open arena where the daily exercise of power was placed on display. In 1682, Louis XIV

→ Entrée des arrière-cabinets de la chambre de la Reine depuis l'antichambre de l'Œil-de-Bœuf.
The entrance to the rear rooms of the Queen's Chamber from the Œil-de-Bœuf Antechamber.

expressed a desire for a "public Versailles" which entailed the creation of new private spaces that became privileged spots. As far as courtiers were concerned, court rituals could only be toned down as a favor; the king was the sole judge of which relationships could be freed from the highly structured ballet of codes, thus forming his circle of intimates to escape a machinery that grew heavier and stiffer over time. In this way he briefly released himself from courtiery before reemerging in public all the more glorious. Louis XV practiced the art of secrecy and withdrawal on a daily basis. Louis XVI excelled at it. And even when the sovereigns retreated further into the palace's entrails, they did not cut themselves off from power but became subtle commanders of the kingdom's ambitions by admitting a privileged few into their private sphere. A sphere not restricted to salons and cabinets but also comprising all the services required by sovereigns as a backup to the palace's official structures. The Versailles drama consists of three acts, with the Revolution serving as an epilogue. Napoleon I dreamed of restoring Versailles to the center of the world but Louis XVIII noted that the times had changed: the destiny of a tempered monarchy would be played out elsewhere. While doing away with absolutism, the

gloire. Louis XV pratique quotidiennement l'art de la dérobée et de la retraite. Louis XVI y excelle. Et, tandis que les souverains se replient toujours davantage dans les entrailles du château, ils ne se retranchent pas pour autant du pouvoir mais gouvernent subtilement les ambitions en offrant à quelques privilégiés un accès à leur sphère privée. Celle-ci ne se restreint pas à leurs salons et cabinets mais abrite aussi tous les services dont les rois ont besoin, doublant les structures officielles du château.

La pièce se joue donc en trois actes dont la Révolution est l'épilogue. Napoléon Ier rêva bien de restaurer Versailles en centre du monde mais Louis XVIII prit acte du changement des temps : le destin d'une monarchie

↑ Madame Adélaïde (quatrième fille de Louis XV) peinte en costume turc par Jean-Étienne Liotard en 1753, à l'âge de 21 ans.
Madame Adélaïde (Louis XV's fourth daughter), aged twenty-one, painted in a Turkish costume by Jean-Étienne Liotard in 1753.

modérée se jouerait ailleurs. En abattant l'absolutisme, la Révolution en a paradoxalement préservé, pour l'essentiel, l'écrin tel qu'il a été façonné par les rois. Si les deux grandes ailes du Midi et du Nord du palais ont été vidées de leurs appartements pour laisser place aux galeries du musée de l'Histoire de France voulu par Louis-Philippe, le vieux château sur la cour de Marbre demeure habité par la mémoire des rois et de tous ceux et celles qui partagèrent leur intimité. Derrière les fastes, un ensemble de cabinets datant des règnes de Louis XV et de Louis XVI offrent leurs refuges intimes. Louis-Philippe les a conservés pour s'y établir avec son épouse lors des visites de chantier de son musée. C'est désormais à notre tour de pousser les portes de ce Versailles privé.

Revolution paradoxically preserved, for the most part, its platform as fashioned by the kings. Even if the palace's two large North and South Wings were emptied of their apartments to make space for the galleries of the Musée de l'Histoire de France in accordance with Louis-Philippe's wishes, the old palace overlooking the Marble Courtyard remained inhabited by the memories of the kings and their close companions. Behind the pomp, a set of rooms dating from the reigns of Louis XV and Louis XVI offered intimate places of refuge. These were kept by Louis-Philippe who lodged there with his wife when visiting the museum construction site... It is now our turn to push open the doors of this private Versailles.

Le métier de courtisan

Profession, courtier

"There are many people at Versailles today." In the four years during which they rubbed shoulders, this was the only phrase ever pronounced by Marie-Antoinette to Madame Du Barry... Naturally, it was forbidden for the latter, as the king's mistress, to address a member of the royal family without first being invited to do so. Versailles was a social universe hierarchized by etiquette[1] that ordained the privileges of each, codifying tiny details such as the opening of one or two door leaves when a person made an entry or else their right to sit down... All courtiers were acutely aware of their own rank in the daily business of celebrating the sovereign's body and soul. The system was not, however, inflexible, for royal favor could open the way to honors and distinctions whereas courtiery ran according to its own dynamic. Although nobility constituted a whole, courtly society, on the other hand, was neither homogenous nor egalitarian. At the very top of the hierarchy were the princes, dukes, peers and greats of the kingdom. It

« Il y a bien du monde aujourd'hui à Versailles. » C'est la seule phrase que Marie-Antoinette déclara jamais, durant quatre années de côtoiement, à madame Du Barry... La condition de favorite interdisait bien sûr à cette dernière d'adresser la parole à un membre de la famille royale sans y avoir été invitée en premier lieu. Versailles est un univers mondain hiérarchisé par l'étiquette[1] qui guide les préséances et les privilèges attachés à chacun, codifiant jusqu'à l'ouverture des portes à un ou deux battants ou le droit de s'asseoir... Chaque courtisan sait très précisément le rang qu'il occupe dans la célébration quotidienne du corps et de l'âme du souverain. Le système n'est pourtant pas figé puisque la faveur royale distingue et ouvre la voie des honneurs tandis que la courtisanerie a sa propre dynamique.

La noblesse est une, mais la société courtisane n'est ni homogène ni égalitaire. Tout en haut de la hiérarchie se trouvent les princes, les ducs, les pairs et les grands du royaume. Le roi leur offre les plus hautes fonctions cérémonielles de sa Maison militaire en charge de sa sécurité, de sa Chapelle ou de sa Maison civile, laquelle regroupe les départements essentiels de la Bouche, de la Chambre et du Cabinet du roi, du Garde-meuble, des Menus-Plaisirs, des Écuries ou de la Vénerie pour les chasses. Mais une place réservée au côté du souverain lors des cérémonies ou des divertissements publics ne saurait être confondue avec l'admission dans le cercle des intimes ou le service des souverains. Les gros bataillons de la courtisanerie se recrutent dans les rangs de la petite noblesse qui joue

↑ Index pointé de Louis XV, détail d'un tableau du jeune roi peint par Augustin Justinat en 1717.
Louis XV's pointed index, detail from a painting of the young king by Augustin Justinat in 1717.

discrètement un rôle domestique et administratif central. Ces petites mains prudentes et respectueuses assurent le fonctionnement de la vie quotidienne de la cour. L'intimité avec le monarque offre à certains de ces personnages de l'ombre un rôle essentiel, à l'image des premiers valets de chambre du roi que le duc de Saint-Simon compare aux « affranchis des empereurs romains ».

was to this elite that the king assigned the highest ceremonial functions in his Military Household in charge of his security, in his Ecclesiastical Household, or in his Domestic Household. The latter was constituted by the key departments of the Bouche (meals), the King's Chamber and Cabinet, the Garde-Meuble (furnishings and art objects), the Menus-Plaisirs (events and festivities), the Écuries (stables) and the Vénerie (hunting). But being seated next to the sovereign during ceremonies or public amusements could not be confused with being admitted into his circle of intimates or allies. Large battalions of courtiers were recruited from the ranks of lower nobility that discreetly held core domestic and administrative responsibilities. These prudent, respectful underlings ensured the smooth running of daily life at court. Closeness with the monarch offered crucial roles to some of these figures in the shadows, such as the kings' First Valets de Chambre, compared by the Duke of Saint-Simon to the "emancipated slaves of Roman emperors."
It was rare for the king to show liberality to his courtiers but the allowances that they were regularly paid sufficed to keep them in a state of servile avidity. Life at court was based on opportunism taking the guise of the extremely civilized principles of etiquette. Whoever aspired to success would curry favor with personalities hailing from old nobility. According to the philosopher La Bruyère, "at court people speak well of

Les libéralités du roi sont rares, même si les pensions continuellement versées maintiennent le courtisan dans une servile avidité. La vie de cour repose sur l'opportunisme qui se déguise sous les principes policés à outrance de l'étiquette. Tel qui souhaite réussir s'allie le concours des personnalités inscrites dans l'ancienneté du sang. Selon La Bruyère, « l'on dit à la cour du bien de quelqu'un pour deux raisons : la première, afin qu'il apprenne que nous disons du bien de lui ; la seconde, afin qu'il en dise de nous ». Le courtisan ambitieux doit savoir saisir une charge de cour vacante et pourvoir à son achat ; il pourra la transmettre à ses enfants et assurer leur avenir. Outre le prestige, les gages que perçoivent les officiers du roi sont la compensation d'une disponibilité permanente. Ces obligés servent d'ailleurs le plus souvent par quartier (trimestre), gardant un pied en province où ils mènent leurs propres affaires. Pour Louis XIV, il s'agit de garder à l'œil cette caste tout en remplissant ses caisses grâce à la multiplication des charges. Mais ces postes finissent par coûter plus qu'ils ne rapportent de liquidités à la Couronne. En 1722, le commissaire Narbonne relève le chiffre de quatre mille deux cent cinquante personnes travaillant à la cour. Elles étaient peut-être sept mille au début du règne de Louis XVI si l'on en croit un registre qui déploie une liste sur cent soixante-cinq pages ! Le coût de la cour est évalué à dix ou douze pour cent du budget de l'État. Louis XVI tentera bien une réforme en supprimant des offices inutiles et envisagera même d'imposer la noblesse... mais il est plus facile d'octroyer que de reprendre.

1. Le terme d'« étiquette » apparaît pour la première fois sur un formulaire de 1691. Il vient de l'espagnol *etiqueta* désignant l'organisation des honneurs du cérémonial autour de la personne royale dans la cour de Charles Quint.

another person for two reasons: first, so that he learns that we speak well of him; second, so that he speaks well of us." The ambitious courtier was also savvy enough to seize a vacant *charge* (office) at court and to secure its purchase; the title he thus bought could be transmitted to his children and would take care of their futures. On top of prestige, the wages earned by the king's officers compensated their permanent availability. These royal attendants were commonly in service on a quarterly basis, thus enabling them to maintain one foot in the French provinces where they continued to conduct their personal affairs. The system of *charges* allowed Louis XIV to keep an eye on this social caste while filling his coffers thanks to the multiplication of offices. But these positions ended up costing more than what they raked in. In 1722, police commissioner Narbonne recorded four thousand two hundred and fifty persons working at court but the figure rose to seven thousand at the start of Louis XVI's reign according to a register holding a list covering one hundred and sixty-five pages! The court cost an estimated ten to twelve per cent of the State budget. Louis XVI would attempt to enforce a reform by eliminating useless posts and even envisaged taxing the noblesse... but it was far easier to grant privileges than to revoke them.

1. The French term *étiquette* appeared for the first time in 1691. It derives from the Spanish *etiqueta* defining the ceremonial system by which the ruler was honored in the court of Charles V Holy Roman Emperor.

Un logement de fonction

Official housing

Les princes se doivent d'être présents lors des grandes cérémonies liturgiques tout comme lors des divertissements de cour, concerts, comédies, bals ou soirées d'appartement. Des absences répétées au lever ou au coucher du roi sont remarquées et jettent le discrédit. Tenir son rang impose donc une disponibilité, des revenus et surtout un logement. Disposer d'un hôtel particulier dans la ville de Versailles offre la possibilité d'une domesticité, de ranger ses affaires et de remiser son carrosse. Mais les grands aspirent à un logement de fonction toujours plus vaste, toujours plus proche des souverains. Seuls les princes du sang et les membres de la famille royale ont droit à un appartement de choix et central. Une vingtaine sont ainsi mis à disposition au rez-de-chaussée et au premier étage des ailes du Midi et du Nord ouvrant sur les jardins, accessibles par deux galeries superposées. Les personnages importants, mais qui n'appartiennent pas à la famille royale, et non auréolés d'une faveur éclatante doivent se contenter des attiques des ailes. Les plus chanceux trouvent refuge dans les attiques du corps central du château où logent les monarques.

→ Galerie haute de l'aile du Midi qui desservait, avant les transformations du XIXe siècle, les appartements des princes.
Upper Gallery of the South Wing that, prior to its nineteenth-century renovations, led to the princes' apartments.

It was the duty of princes to attend important liturgical ceremonies as well as courtly diversions such as concerts, comedies, balls or evening receptions in apartments. Repeated absences at the king's rising and retiring ceremonies were noticed and held against absentees. To keep one's rank, one therefore needed to be available, to have an income, and above all, a place of lodging. Disposing of a *hôtel particulier* (private mansion) in the city of Versailles offered the option of having one's own servants, a place to keep one's belongings and to store one's carriage. But key players aspired to grander official lodgings that could bring them even closer to the sovereigns. Only blood princes and members of the royal family were entitled to the palace's coveted central apartments. Twenty or so of these were available on the ground and second floors of the South and North Wings overlooking the gardens, accessible by two superposed galleries. Important figures who did not belong to the

↑ Ancien appartement du prince de Beauvau dans l'attique au-dessus du foyer de l'opéra, composé de deux grandes pièces et d'un cabinet donnant sur les jardins et les réservoirs de l'aile du Nord. Ces pièces servent aujourd'hui de réserves. Gouverneur du Languedoc puis de Provence, le prince de Beauvau est fait maréchal de France en 1783 par Louis XVI qui lui confie, en 1789, le secrétariat d'État à la Guerre.

Former apartment of the Prince of Beauvau in the attic above the lobby of the Opera, composed of two large rooms and a cabinet overlooking the gardens and the reservoirs of the North Wing. Today, these rooms are used for storage. The Governor of Languedoc and then of Provence, the Prince of Beauvau was appointed a Marshal of France in 1783 by Louis XVI who, in 1789, made him Secretary of State for War.

Il est difficile de retracer l'attribution de ces appartements sur trois règnes, tant ils changent fréquemment d'occupants. Une pression de tous les instants s'exerce pour se voir accorder un logement, en particulier si l'un devient vacant. Un déménagement en entraîne parfois dix autres. L'appartement princier se compose habituellement d'une antichambre, d'une chambre et d'un cabinet, parfois d'un cabinet intérieur, et de pièces entresolées pour la toilette et la garde-robe. Les plus distingués peuvent bénéficier d'une suite comptant jusqu'à quinze pièces. L'appartement du comte de Noailles – gouverneur des villes et des châteaux de Versailles et de Marly –, au premier étage de l'aile du Nord, est si vaste que la Galerie haute qui le dessert est dénommée « la rue de Noailles »... À partir de la Régence, c'est ce puissant personnage qui a la charge d'affecter les logements du château. Pour le courtisan, la rue de Noailles est l'avenue du privilège.
Le plus grand nombre doit se contenter d'une petite demeure au revers des ailes sur cour ou sur rue,

royal family or who failed to be graced by overwhelming favor had to content themselves with lodgings in the attics of the wings. The luckier among them found refuge in the attic of the palace's central body where the monarchs resided.
It is difficult to retrace how these apartments were attributed over the three reigns, so frequently did their occupants swap around. The pressure to find official accommodation never eased, especially if a dwelling happened to fall vacant. One move could be a catalyst for ten others. A princely apartment was usually made up of an antechamber, a chamber and a cabinet, sometimes an inner room, and entresol rooms for toilet and dressing. The most distinguished personages could be granted a suite comprising up to fifteen rooms. The apartment of the Count of Noailles—governor of the cities and palaces of Versailles and Marly—on the second floor of the North Wing was so vast that the

Upper Gallery accessing it became known as "Noailles Road." As of the Regency period, it fell upon this powerful man to assign the palace's lodgings. In the eyes of courtiers, Noailles Road was the avenue to privilege. The overriding majority had to make do with small residences behind the wings, facing courtyards or roads, consisting of two rooms without annexes. The palace held a total of one hundred and ninety dwellings of this type. A lack of space led to the use of neighboring buildings to house royal officers during their quarterly service—a system enabling lodgings to be shared around. In this way, three floors at the Grand Commun provided almost one thousand five hundred single rooms. A total of eight hundred rooms were also located in the Grande Écurie and the Petite Écurie, while six hundred were found in hotels belonging to the Crown. The inhabitants of these rooms were still counted in the prized category of those lodging at the king's expense. The privilege was not accorded to many visiting nobles who had to find a room in a private home or else one of the city's two hundred inns. The other alternative was simply to go back home to Paris in the evening. These individuals were pejoratively nicknamed the *galopins*, a term ordinarily reserved for kitchen boys.

prenant la forme d'un deux-pièces sans dépendances. On dénombre cent quatre-vingt-dix habitations de ce type au château. Le manque de place conduit à investir les bâtiments voisins pour loger les officiers royaux qui servent par quartier (trimestre), ce qui permet un roulement : trois étages du Grand Commun offrent près de mille cinq cents chambres simples. On compte aussi huit cents chambres entre la Grande et la Petite Écurie et six cents dans des hôtels appartenant à la Couronne. Leurs habitants n'en font pas moins partie de la catégorie enviée du « logeant » aux frais du roi. Nombre de gentilshommes de passage ne jouissent pas de ce privilège et doivent trouver une chambre chez l'habitant ou dans l'une des deux cents auberges de la ville. Ou tout bonnement rentrer à Paris le soir venu. On les affuble péjorativement du surnom de « galopin », ordinairement réservé aux garçons des cuisines.

↓ Plan de l'appartement du prince de Condé et grand maître de France, Louis III de Bourbon, au rez-de-chaussée de l'aile du Midi. Le logement se compose de trois pièces en enfilade sur les jardins (antichambre, chambre et cabinet) que précèdent des pièces de service du côté de la Galerie haute. Il est encadré par celui de Louise-Françoise de Bourbon, femme de Louis III de Bourbon, fille légitimée de Louis XIV et de madame de Montespan, et par celui de la princesse de Rohan.

Plan of the apartment of the Prince of Condé and Grand Master of France, Louis III de Bourbon, on the South Wing's ground floor. The residence consisted of an enfilade of three rooms facing the gardens (antechamber, chamber and cabinet), preceded by service rooms on the upper-gallery side. On one side of the apartment was that of Louise-Françoise de Bourbon, his wife and the legitimate daughter of Louis XIV and Madame de Montespan, on the other side, that of the Princess of Rohan.

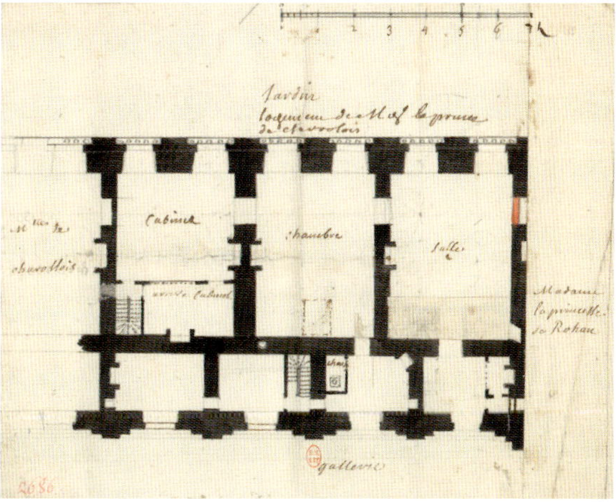

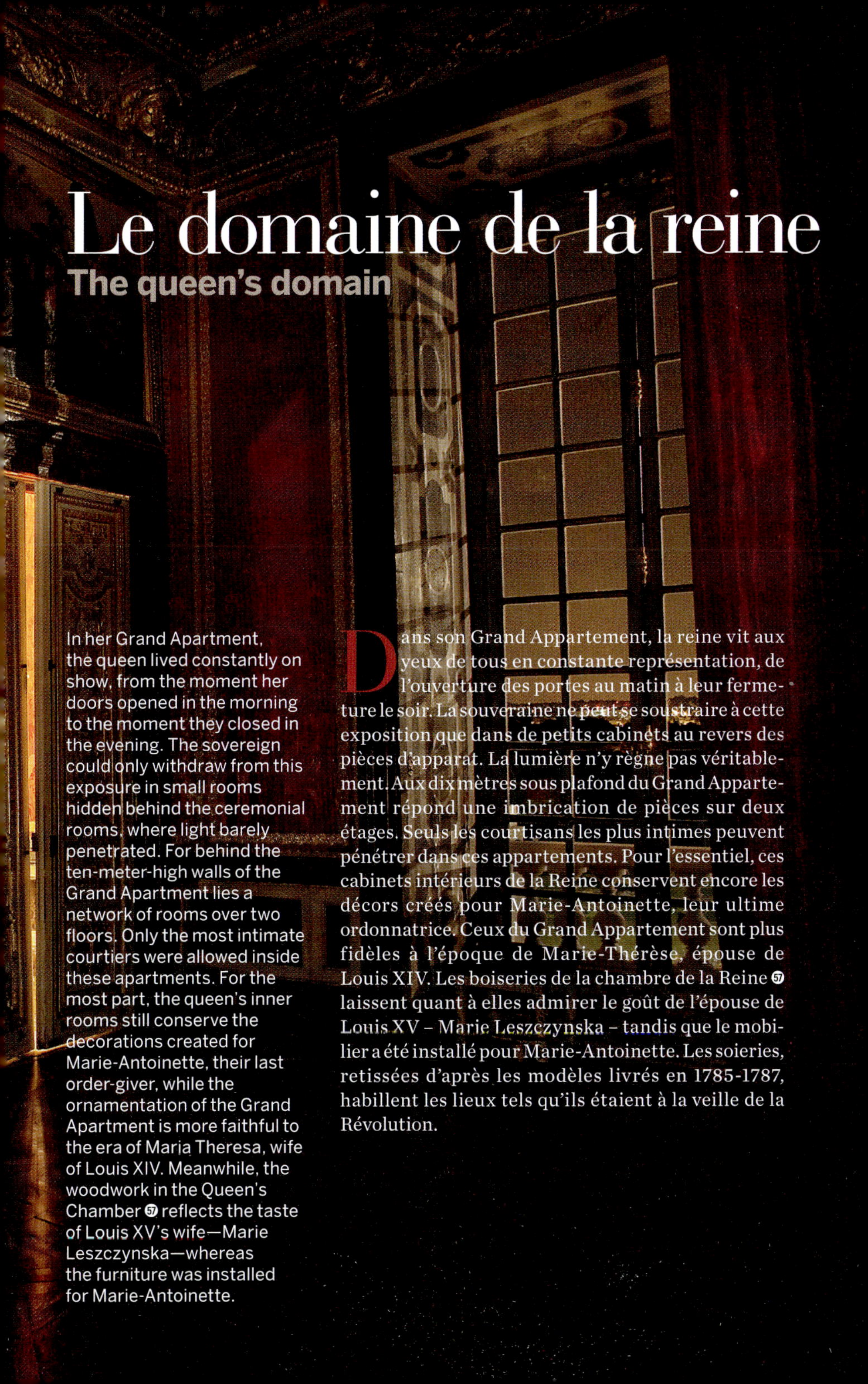

Le domaine de la reine

The queen's domain

In her Grand Apartment, the queen lived constantly on show, from the moment her doors opened in the morning to the moment they closed in the evening. The sovereign could only withdraw from this exposure in small rooms hidden behind the ceremonial rooms, where light barely penetrated. For behind the ten-meter-high walls of the Grand Apartment lies a network of rooms over two floors. Only the most intimate courtiers were allowed inside these apartments. For the most part, the queen's inner rooms still conserve the decorations created for Marie-Antoinette, their last order-giver, while the ornamentation of the Grand Apartment is more faithful to the era of Maria Theresa, wife of Louis XIV. Meanwhile, the woodwork in the Queen's Chamber (57) reflects the taste of Louis XV's wife—Marie Leszczynska—whereas the furniture was installed for Marie-Antoinette.

Dans son Grand Appartement, la reine vit aux yeux de tous en constante représentation, de l'ouverture des portes au matin à leur fermeture le soir. La souveraine ne peut se soustraire à cette exposition que dans de petits cabinets au revers des pièces d'apparat. La lumière n'y règne pas véritablement. Aux dix mètres sous plafond du Grand Appartement répond une imbrication de pièces sur deux étages. Seuls les courtisans les plus intimes peuvent pénétrer dans ces appartements. Pour l'essentiel, ces cabinets intérieurs de la Reine conservent encore les décors créés pour Marie-Antoinette, leur ultime ordonnatrice. Ceux du Grand Appartement sont plus fidèles à l'époque de Marie-Thérèse, épouse de Louis XIV. Les boiseries de la chambre de la Reine (57) laissent quant à elles admirer le goût de l'épouse de Louis XV – Marie Leszczynska – tandis que le mobilier a été installé pour Marie-Antoinette. Les soieries, retissées d'après les modèles livrés en 1785-1787, habillent les lieux tels qu'ils étaient à la veille de la Révolution.

↑ L'escalier de la Reine est le centre de gravité de la vie de cour car il permet au courtisan d'accéder à la fois au Grand Appartement de la Reine et au domaine du roi.

The Queen's Staircase was the center of gravity of court life for it offered the courtier access to both the Queen's Grand Apartment and the king's domain.

→ Dans ce tableau de Jean-François de Troy, le jeune Louis XV se trouve au côté de sa fiancée et cousine germaine (la fille de Philippe V, petit-fils de Louis XIV devenu roi d'Espagne). L'Infante-Reine arrive à Versailles en mars 1722 à l'âge de 4 ans. En 1725, alors que la santé de Louis XV inquiète, la princesse est réexpédiée en Espagne ; il faut d'urgence un héritier à la Couronne. Cette répudiation n'empêchera pas son mariage en 1729, à moins de 11 ans, avec le roi du Portugal.

This painting by Jean-François de Troy shows the young Louis XV beside his fiancée and first cousin (daughter of Philippe V, grandson of Louis XIV and King of Spain). The Infant-Queen arrived in Versailles in March 1722, at age four. In 1725, when the health of Louis XV took a worrisome turn, the princess was sent back to Spain due to the urgency to produce a royal heir. This repudiation did not stop her from marrying the King of Portugal in 1729, before her eleventh birthday.

→ La reine Marie Leszczynska à l'âge de 27 ans, peinte en 1730 par Alexis Simon Belle quelque temps après la naissance du dauphin, son quatrième enfant. Elle accouchera dix fois en dix ans ! Son mariage en 1725 avec le jeune Louis XV, tout juste âgé de 15 ans (elle en avait 22), visait précisément à assurer l'avenir. Fille d'un roi de Pologne déchu, elle vécut quarante-huit ans à Versailles, un long séjour bientôt éclipsé par l'arrivée de Marie-Antoinette d'Autriche.

Queen Marie Leszczynska at age twenty-seven, painted in 1730 by Alexis Simon Belle some time after the birth of the dauphin, her fourth child. She would give birth ten times in the space of ten years! Indeed, her marriage in 1725 to the young Louis XV, just fifteen years old (she was twenty-two), was intended to guarantee the throne's future. Daughter of a fallen Polish king, she lived forty-eight years in Versailles, a long stay soon eclipsed by the arrival of Marie-Antoinette of Austria.

The silks, rewoven after the models delivered in 1785-1787, adorn the premises the way they did on the eve of the Revolution.

The apartment of six princesses

The royal apartment was not always inhabited by a queen. There were times when a dauphine or crown princess held the leading role at court. A succession of six princesses occupied the premises: Maria Theresa of Austria from 1672 to 1683, who barely survived permanent adaptation to court life; Maria Anna of Bavaria (wife of the Grand Dauphin, son of Louis XIV) from 1683 to 1690; Adélaïde of Savoy (wife of the Duke of Burgundy, grandson of Louis XIV) from 1697 to 1712; the far too young Infant-Queen (intended as a bride for Louis XV) from 1722 to 1725; Marie Leszczynska from 1725 to 1768; and finally, from March 1771 onwards, Marie-Antoinette of Austria.

L'appartement de six princesses

Au long de son histoire, l'appartement royal n'a pas toujours été habité par une reine. Il est arrivé qu'une dauphine occupât le premier rôle à la cour. Six princesses se sont succédé dans les lieux : Marie-Thérèse d'Autriche de 1672 à 1683, qui ne survécut guère à l'installation définitive de la cour ; Marie-Anne de Bavière (épouse du Grand Dauphin, fils de Louis XIV) de 1683 à 1690 ; Adélaïde de Savoie (épouse du duc de Bourgogne, petit-fils de Louis XIV) de 1697 à 1712 ; la trop jeune Infante-Reine (destinée à épouser Louis XV) de 1722 à 1725 ; Marie Leszczynska de 1725 à 1768 ; et enfin, à partir de mars 1771, Marie-Antoinette d'Autriche.

La Maison de la reine

The Queen's Household

Marie-Antoinette laisse le soin de l'administration de sa Maison à sa surintendante, la princesse de Lamballe. L'abbé de Montesquiou joue toutefois un rôle de conseiller tandis que la gestion financière est assurée par le surintendant Bertier de Sauvigny. Un chevalier d'honneur, le comte de Saulx-Tavannes, est messager officiel. Et quatre maréchaux des logis assistés de huit fourriers gèrent la logistique du logement. Le premier service est celui de la Chambre de la reine. L'instance comprend quinze dames du palais pour tenir compagnie, une douzaine de femmes de chambre sous la direction de deux premières en titre, et d'autres charges plus limitées et spécifiques, allant du simple valet à la porte-chaise d'affaires, madame de Rochereuil. La Faculté compte de son côté neuf médecins, chirurgiens et apothicaires. La Garde-robe est forte d'une dizaine de personnes sous la direction de la dame d'atours, la comtesse d'Ossun. Le service de la Bouche de la reine dirigé par le premier maître d'hôtel, le vicomte de Talaru, est pléthorique, qui compte près de cent cinquante officiers ! Les Écuries de la reine sous l'ordre d'un premier écuyer, le comte de Tessé, réclament l'emploi de trente personnes, tandis que la Chapelle sous l'égide du grand aumônier de la reine, l'évêque de Chartres puis l'évêque de Laon, compte une quinzaine d'hommes d'Église, dont un confesseur, l'abbé Berger. Au total, pas moins de trois cents officiers sont attachés à la souveraine !

Marie-Antoinette conferred administration of her Household to her superintendent, the Princess of Lamballe. The Abbot of Montesquiou nonetheless played the role of adviser while financial management was undertaken by the superintendent Bertier de Sauvigny. The Count of Saulx-Tavannes was the official messenger. Meanwhile, four sergeants aided by eight quartermasters looked after the residence's logistics. The Household was made up of numerous departments. The first was the Chambre (chamber), comprising fifteen *dames du palais* (ladies of the palace) to act as companions, a dozen *femmes de chambre* (ladies-in-waiting) supervised by two appointed heads, and other more limited and specific tasks, ranging from the simple valet to the lady of the chamber pot, Madame de Rochereuil. Meanwhile, the Faculté (medicine) was made up of nine physicians, surgeons and apothecaries.

The Garde-Robe (wardrobe) was ten persons strong, headed by the *dame d'atours*, the Countess of Ossun. The Bouche (meals), run by the First Maître d'Hôtel, the Viscount of Talaru, was heavily manned with almost five hundred officers! The Écuries (stables), overseen by the First Squire, the Count of Tessé, employed thirty persons, while the Chapel, under the aegis of the queen's Grand Chaplain, the Bishop of Chartres, then the Bishop of Laon, accounted for fifteen churchmen including a confessor, Abbot Berger. In all, no less than three hundred officers served the queen!

The superintendent

This office established in 1775 was occupied by a friend of Marie-Antoinette, the Princess of Lamballe. The title was lucrative, earning nearly 230,000 *livres* in wages and a fifteen-room apartment in the South Wing. The superintendent accompanied the queen everywhere and sat by her side. In charge of ensuring that etiquette was respected, she oversaw entry into the chamber for the queen's rising ceremony (cf. p. 55). The task of helping the sovereign with her toilet fell upon her in the absence of high-ranked princesses; the same went for the retiring ceremony. When the queen took private meals in her chamber, the superintendent officially took care of service.

The *dame d'honneur*

Under Marie-Antoinette, when the superintendent was not at court, it was the *dame d'honneur* (lady of honor) who

↑ Marie-Thérèse Louise de Savoie-Carignan, veuve du prince de Lamballe, arrière-petit-fils de Louis XIV (branche légitimée), peinte par Joseph Ducreux vers 1776, à l'âge de 25 ans. Elle est surintendante de la Maison de la reine depuis un an et le restera jusqu'en 1792 où elle est emprisonnée à Paris. Elle sera massacrée par les émeutiers, et sa tête promenée au bout d'une pique de la prison de la Force aux abords de la tour du Temple.

Marie-Thérèse Louise de Savoie-Carignan, widow of the Prince of Lamballe, great-grandson of Louis XIV (legitimate branch), painted by Joseph Ducreux around 1776, at the age of twenty-five. At the time, she had been superintendent of the Queen's Household for one year, and kept the position until 1792 when she was imprisoned in Paris. Killed by rioters, her head was paraded on the end of a pike from La Force Prison to the Tour du Temple.

La surintendante

La charge créée en 1775 est occupée par une amie de Marie-Antoinette, la princesse de Lamballe. Le titre est lucratif, assurant près de 230 000 livres de gages et un appartement de quinze pièces dans l'aile du Midi. La surintendante accompagne en n'importe quel lieu la reine et siège à ses côtés. Chargée de veiller au respect de l'étiquette, elle dirige les entrées dans la chambre de la Reine pour le lever (cf. p. 55). Il lui incombe de donner à la souveraine sa toilette en l'absence de princesse de rang supérieur. Il en va de même pour le coucher. Lorsque la reine mange dans sa chambre, au petit couvert, la surintendante assure officiellement le service.

↑ Laure-Auguste de Fitz-James, princesse de Chimay, peinte par Louis-Michel Van Loo en 1767, à l'âge de 23 ans. Elle est encore à cette date dame du palais de la reine Marie Leszczynska. Marie-Antoinette la nomme dame d'honneur en 1775, charge qu'elle conservera jusqu'aux journées d'octobre 1789, où elle prend la route de l'exil.

Laure-Auguste de Fitz-James, the Princess of Chimay, painted by Louis-Michel Van Loo in 1767, at age twenty-three. At the time, she was still the dame du palais *of Queen Marie Leszczynska. Marie-Antoinette appointed her as* dame d'honneur *in 1775, a position that she kept until October 1789 when she went into exile.*

La dame d'honneur

Sous Marie-Antoinette, lorsque la surintendante n'est pas à la cour, c'est la dame d'honneur qui est investie de ses fonctions. Dauphine, Marie-Antoinette doit composer avec la rigide comtesse de Noailles qu'elle surnomme « madame Étiquette ». Devenue reine, elle la remplace par la princesse de Chimay, sa dame d'atours et proche amie. La dame d'honneur supervise l'emploi du temps et le courrier officiel, les audiences... Nul ne peut approcher la reine sans passer par son cabinet. L'attique Chimay, au-dessus des cabinets intérieurs du Grand Appartement de la Reine,

took over her duties. As dauphine, Marie-Antoinette had to deal with the inflexible Countess of Noailles whom she nicknamed "Madame Étiquette." When she became queen, she replaced the latter with her close friend, the Princess of Chimay. The *dame d'honneur* supervised the queen's schedule, official mail and audiences... No one could approach the queen without passing through her cabinet. The Chimay Attic, above the inner rooms of the Queen's Grand Apartment, was named in memory of the *dame d'honneur*, even if the princess only occupied two resting rooms there. Her twelve-room apartment was located in the attic of the South Wing.

→ Portrait de la première femme de chambre de la reine, Jeanne-Louise-Henriette Genet, épouse Campan, à l'âge de 34 ans, peint en 1786 par Joseph Boze. Entrée au service de la dauphine en 1770 comme femme de chambre (après avoir été lectrice des filles de Louis XV), elle est un témoin essentiel de la vie de la cour. Ses *Mémoires* posthumes (1822) réhabilitent la personnalité controversée de Marie-Antoinette.

Portrait of the queen's First Femme de Chambre, Jeanne-Louise-Henriette Campan (née Genet), at age thirty-four, painted in 1786 by Joseph Boze. Entering the dauphine's service in 1770 as a femme de chambre-in-ordinary *(after serving as reader to the daughters of Louis XV), she was a core eyewitness of life at court. Her posthumous* Mémoires *(1822) helped redeem the controversial personality of Marie-Antoinette.*

conserve dans sa dénomination le souvenir de la dame d'honneur, même si la princesse ne dispose ici que de deux cabinets de repos. Son appartement de douze pièces se trouve dans l'attique de l'aile du Midi.

La première femme de chambre

La charge est annuellement partagée par mesdames Thibaut et de Misery ; madame Campan succède à la deuxième en 1786. Ces dames de confiance se voient accorder par Marie-Antoinette un rôle central dans l'intendance de ses cabinets intérieurs, la gestion de sa cassette personnelle et la garde de ses diamants. Elles dirigent ensemble les douze femmes de chambre, dont deux sont de service chaque jour. Jouant un rôle domestique central, ces femmes sont dans les cabinets intérieurs de la Reine les équivalentes des « garçons bleus du Roi » (cf. p. 142). On les surnomme d'ailleurs les « femmes rouges de la Reine » en raison de la couleur de leur robe, tranchant sur les robes noires de leurs subordonnées.

The First Femme de Chambre

This office was shared over the year between Madame Thibaut and Madame de Misery, with the latter being replaced by Madame Campan in 1786. Marie-Antoinette entrusted these trustworthy ladies a central role in the stewardship of her inner rooms, the management of her personal spending, and the storage of her diamonds. Together they supervised the twelve *femmes de chambre*-in-ordinary, two of whom were on duty every day. Occupying a key domestic function, these women held an equivalent role in the queen's inner rooms as the "king's *garçons bleus*" (blue boys) (cf. p. 142). They were incidentally nicknamed the "queen's *femmes rouges*" (red women) due to the color of their dresses, distinguishing them from their black-clothed subordinates.

Avoir ses entrées chez la reine

Access to the queen

Dans la salle des Gardes du Grand Appartement de la Reine (54), continuellement encombrée par une foule de laquais et de porteurs de chaises, le courtisan tente de se faire remarquer. L'entrée est gardée par une sentinelle et un huissier chargé d'annoncer les seigneurs de la cour. Il en est de même pour chacune des salles de l'enfilade du Grand Appartement, de l'antichambre (55) (dite du Grand Couvert) à la chambre de la Reine (57). La pièce des Nobles (56) – salon où la reine reçoit pour les audiences solennelles, assise sur son grand fauteuil et entourée du cercle de ses dames – n'est pas la porte de l'intimité. Les courtisans qui ont le privilège d'accéder aux cabinets intérieurs de la Reine sont rares. Favoris ou admis à billet, ils sont introduits dès l'antichambre par une porte (à droite de la cheminée) somme toute commune mais gardée jour et nuit. Elle ouvre sur un petit vestibule (59) où une femme de chambre accueille les visiteurs attendus.

L'antichambre du Grand Appartement de la Reine dessert également l'escalier de Fleury, qui conduit à l'attique Chimay où logent de nombreux courtisans ; il communique, depuis les travaux de Louis-Philippe, avec les cabinets intérieurs de la Reine. Il a hérité du nom du duc de Fleury qui habite sous Louis XVI dans l'attique Chimay. Le duc n'a pas pour tâche de chaperonner Marie-Antoinette, mais compte parmi les

In the Guards' Room of the Queen's Grand Apartment (54), courtiers vied to stand out amidst the crowd of lackeys and sedan-chair carriers constantly blocking the way. The entrance was guarded by a sentinel and an usher in charge of announcing the arrival of lords from the court. This was also the case for each of the rooms within the Grand Apartment's enfilade, from the Antechamber of the Grand Couvert (55) to the Queen's Chamber (57). The Nobles' Room (56)—a room where the queen received visitors for formal meetings, seated on her large armchair and surrounded by her circle of ladies—was no place for intimacy. Few courtiers were accorded the privilege of entering the queen's inner rooms. Only favorites or ticket-holders were lucky enough to be admitted here, through a door in the antechamber (to the right of the fireplace) that looked ordinary but that was guarded night and day. The door opened onto a *femme de chambre* small vestibule (59) where welcomed expected visitors.

The antechamber of the Queen's Grand Apartment could also be accessed by the

→ Porte d'entrée des cabinets intérieurs depuis l'antichambre du Grand Appartement de la Reine (55). Les habitués ou les admis à billet patientent devant cette porte gardée jusqu'à ce qu'une femme de chambre les introduise.

Entrance door of the inner rooms from the antechamber of the Queen's Grand Apartment (55). Regulars or ticket-holders waited before this guarded door until they were admitted by a femme de chambre.

↑ Portrait au chapeau de paille de Yolande-Gabrielle de Polignac, amie intime de Marie-Antoinette, alors âgée de 33 ans, peint en 1782 par Élisabeth-Louise Vigée-Le Brun. Elle porte depuis 1780 le titre de duchesse (Louis XVI a élevé son mari au rang de duc). Elle sera bientôt gouvernante des Enfants de France et toute sa famille tirera un immense profit de la manne des titres et pensions octroyés.

Portrait of Yolande-Gabrielle de Polignac, a close friend of Marie-Antoinette, then aged thirty-three, painted in 1782 by Élisabeth-Louise Vigée-Le Brun. As of 1780, she bore the title of duchess (Louis XVI promoted her husband to the rank of duke). Soon after, she became governess to the Children of France and the whole family benefited enormously from the titles and allowances she reaped.

quatre premiers gentilshommes de la Chambre du roi en charge de l'étiquette cérémonielle (cf. p. 175). Sa femme fait toutefois partie du cercle intime de la reine : c'est l'une de ses quinze dames du palais. Marie-Antoinette s'est particulièrement attaché l'amitié de leur belle-fille, Aimée de Franquetot de Coigny, égérie des salons cultivés de la capitale. Un autre membre de cette famille réside dans l'attique Chimay : l'évêque de Chartres, qui est grand aumônier de la reine.
Ces courtisans bien logés ont le privilège d'accéder au vestibule de l'escalier de la Reine où s'amorce l'escalier de Fleury. Pour la foule des autres courtisans, l'escalier de la Reine demeure un point de passage stratégique. C'est le cœur névralgique du château. Toute personne aspirant à assister aux grandes liturgies royales, aux cérémonies quotidiennes du lever

Fleury Staircase that led up to the Chimay Attic where a number of courtiers resided. Ever since the renovations undertaken by Louis-Philippe, the stairway has also been linked to the queen's inner rooms. It took its name from the Duke of Fleury who lived, under Louis XVI, in the Chimay Attic. It was not the duke's task to chaperone Marie-Antoinette, but he was one of the four First Gentlemen of the King's Chamber in charge of ceremonial etiquette (cf. p. 175). His wife, however, was amongst the queen's intimates, as one of the fifteen *dames du palais*. Marie-Antoinette became particularly friendly with their daughter-in-law, Aimée de Franquetot de Coigny, a muse in the capital's cultivated salons. Another member of this family resided in the Chimay Attic: the Bishop of Chartres, who was the queen's Grand Chaplain. These well-housed courtiers enjoyed the privilege of being able to discreetly penetrate the vestibule of the Queen's Staircase from which the Fleury Staircase leads up. For the throng of other courtiers, the Queen's Staircase remained a strategic point, the nerve center of the palace. Anyone aspiring to attend major royal liturgies, the sovereigns' daily rising ceremonies or public dinners, necessarily climbed these stairs. This was where the spectacle of the court was staged day and night. Like

→ Vestibule des cabinets intérieurs de la Reine.
Vestibule in the queen's inner rooms.

des souverains ou au grand couvert, doit en gravir les marches. Le spectacle de la cour s'y déploie jour et nuit. Comme au théâtre, les courtisans patientent dans la loggia, espérant croiser Louis XIV se rendant, le soir, dans l'appartement de madame de Maintenon. Ce dernier, concédé sous Louis XVI au vieux duc de Duras, premier gentilhomme de la Chambre du roi, sert d'ailleurs de couverture à Marie-Antoinette qui le traverse pour se rendre chez l'intime Yolande-Gabrielle de Polignac, logée dans un vaste appartement au bout de la « Vieille Aile ». Marie-Antoinette la rejoint ainsi plus discrètement que par la grande salle des Gardes (actuelle salle du Sacre), dite « le Magasin » car les gardes du corps s'y réunissent tous les matins pour recevoir leur attribution journalière.

theater spectators, courtiers would wait in the loggia, hoping to cross paths with Louis XIV who, in the evening, would enter the apartment of Madame de Maintenon. The latter quarters, handed over under Louis XVI to the elderly Duke of Duras, the First Gentleman of the King's Chamber, were used by Marie-Antoinette as a discreet passageway for visiting her close friend Yolande-Gabrielle de Polignac, housed in a vast apartment at the end of the "Old Wing," rather than crossing the large Guards' Room (now the Coronation Room), known as the "Magasin" (shop) as this was where bodyguards congregated every morning to receive their daily allowance.
In 1783, when the Duchess of Polignac became governess to the royal children,

↓ Le courtisan admis dans les cabinets intérieurs de la Reine est introduit dans un premier vestibule ❺❾. Puis, il est conduit dans le second vestibule ❻⓿, plus vaste, aux murs habillés d'armoires vitrées de bibliothèque. D'une minute à l'autre, la reine Marie-Antoinette le rejoindra.

A courtier given access to the queen's inner rooms was admitted into a first vestibule ❺❾. Next, the visitor was led to a roomier second vestibule ❻⓿ whose walls were lined with glass-fronted bookcase cabinets. Queen Marie-Antoinette would then arrive shortly.

En 1783, lorsque la duchesse de Polignac devient gouvernante des Enfants de France, en remplacement de la princesse de Rohan-Guéméné, elle déménage dans l'aile du Midi. Mais Marie-Antoinette ne perd pas ses habitudes, puisque sa dame d'atours, la comtesse d'Ossun, succède aux Polignac dans l'appartement de la « Vieille Aile ».
On sait combien le cérémonial déférent de la cour et les lourdeurs de sa suite sont pesants pour Marie-Antoinette. Elle s'en échappe en entretenant une petite société d'amis avec lesquels elle se détend, n'hésitant pas à l'occasion à gagner clandestinement Paris pour aller danser au bal de l'Opéra, ne rentrant à Versailles qu'à sept heures du matin ! Pour Marie-Antoinette, le goût de la liberté s'habille en frivolité et s'illustre dans la jeune compagnie qu'elle réunit autour d'elle : le comte de Vaudreuil, le prince de Ligne, le comte Esterhazy, le comte de Fersen… La désinvolture de la reine, son insouciance juvénile et ses caprices ne lui seront pas pardonnés.

L'ENVERS DU DÉCOR

En 1783, le second vestibule des cabinets intérieurs de la Reine (60) est transformé en extension de la bibliothèque (61) voisine. Il faut toujours plus de place pour ranger les livres qui s'accumulent. La pièce est éclairée à la bougie. Les murs sont entièrement garnis d'armoires vitrées. Certaines dissimulent des portes menant vers d'autres pièces.

DES LIVRES POUR L'IMAGE ?

Un des membres du cercle de Marie-Antoinette, le baron de Besenval, note cruellement : « Hors quelques romans, elle n'a jamais ouvert un livre. » Pourtant, les commandes d'ouvrages attestent aussi de l'intérêt de la reine pour les traités de sciences humaines, de voyage et de politique. Marie-Antoinette a certainement feuilleté *La Richesse des nations* d'Adam Smith qui se trouve sur ses rayons. Elle aime les biographies, telle la *Vie de Voltaire*, et collectionne les gravures. En 1785, ce sont celles de Beaumarchais qu'elle acquiert. D'autres papiers sont relatifs aux débats politiques engageant Necker, Calonne ou Mirabeau. Ses armes à la cour, la reine les puise dans l'*Histoire amoureuse des*

replacing the Princess of Rohan-Guéméné, she moved into the South Wing. But Marie-Antoinette did not give up her habit of using the passageway as her *dame d'atours*, the Countess of Ossun, succeeded the Polignacs in the apartment in the "Old Wing."
We know how cumbersome Marie-Antoinette found the deferential court rituals. To escape from them, she kept a small circle of friends with whom she could relax. Nor did she hesitate to visit Paris covertly to go dancing at the Opera, returning to Versailles no earlier than seven in the morning! Marie-Antoinette expressed her taste for freedom through frivolity and by reveling in her relationships with the young band surrounding her: the Count of Vaudreuil, the Prince of Ligne, Count Esterhazy, the Count of Fersen… The queen's offhandedness, her youthful insouciance and whims would be held against her.

BEHIND THE DECOR

In 1783, the second vestibule of the queen's inner rooms (60) was transformed into an extension of the neighboring library (61). Extra space was always sought for the growing book collection. The room was lit by candlelight, and its walls entirely covered with glass-fronted cabinets, some of which concealed doors leading to other rooms.

Books just for shows?

One member of Marie-Antoinette's circle, the Baron of Besenval, cruelly remarked that "apart from a few novels,

↑ Bibliothèque de la reine Marie-Antoinette.
Queen Marie-Antoinette's library.

Gaules, un pamphlet satirique sur les mœurs versaillaises au temps de Louis XIV, qui avait valu à son auteur, le comte Roger de Bussy-Rabutin, l'embastillement puis l'exil.

La bibliothèque impériale

La bibliothèque ⓺① est aménagée en 1772 pour que la dauphine Marie-Antoinette puisse fréquenter les belles-lettres. Les poignées des tiroirs portent symboliquement l'aigle impérial d'Autriche. La pièce est remaniée en 1779 lorsque Pierre-Dominique Bertholet (dit monsieur Campan) devient bibliothécaire de la reine, suivant l'exemple de son père, titulaire de la fonction auprès de Marie Leszczynska. Il a la charge de gérer les fournitures et les achats de livres, en concertation avec le lecteur et ancien précepteur de Marie-Antoinette, l'abbé de Vermond, qui est garant de la moralité des idées neuves. Charles-Toussaint de Vermond, l'accoucheur de Marie-Antoinette, n'est autre que son frère.

Tête à vent

Marie-Antoinette est âgée de quatorze ans lorsqu'elle arrive à Versailles. Une cour sans reine attend évidemment beaucoup de la dauphine. Trop ? Il se dit vite que

she's never opened a book." However, book orders testify to the queen's interest in tracts on the social sciences, travel and politics. Marie-Antoinette most certainly leafed through Adam Smith's *Wealth of Nations* that stood her bookshelf, and she was partial to biographies, such as *La Vie de Voltaire*. Also a collector of engravings, she acquired those of Beaumarchais in 1785. Other papers in her collection related to political debates involving Necker, Calonne or Mirabeau. She plucked her weapons at court from the *Histoire amoureuse des Gaules* (History of Love Amongst the Gauls), a satirical pamphlet on Versailles customs at the time of Louis XIV that led its author, Count Roger de Bussy-Rabutin, to prison, then into exile.

The imperial library

The library 61 was fitted out in 1772 to enable the dauphine Marie-Antoinette to immerse herself in the belles-lettres.

The drawer knobs symbolically bore the image of the Austrian imperial eagle. This room was reorganized in 1779 when Pierre-Dominique Bertholet (known as Monsieur Campan) became the queen's librarian, following in the footsteps of his father who held this position under Marie Leszczynska. He was in charge of managing supplies and book purchases in conjunction with Marie-Antoinette's reader and former tutor, the Abbot of Vermond who verified the morality of new ideas. The latter was the brother of Charles-Toussaint de Vermond, no other than Marie-Antoinette's obstetrician.

Lightweight

Marie-Antoinette was fourteen years old when she arrived at Versailles. The court, in its queenless state, obviously expected a great deal from the dauphine. Too much? Her education was said to be patchy and the young girl's elder brother readily described her as "lightweight." Deportment, dance, music and grooming were her only fortes. Louis XV called upon the Abbot of Vermond, Marie-Antoinette's tutor in Vienna, to continue his duties in Versailles and to help her to improve her French. The abbot pursued his task assiduously even if the Austrian ambassador, the Count of Mercy-Argenteau, constantly criticized the dauphine's frivolity. Marie-Antoinette had trouble embracing etiquette and failed to hide her boredom if she found someone dull.

son éducation est lacunaire et son frère aîné qualifie volontiers la jeune fille de « tête à vent ». Maintien, danse, musique et paraître sont ses seuls points forts. Louis XV requiert l'abbé de Vermond, qui a été le précepteur de Marie-Antoinette à Vienne, pour qu'il poursuive son office à Versailles et l'aide à améliorer son français. Il s'y attache avec constance tandis que l'ambassadeur d'Autriche, le comte de Mercy-Argenteau, n'a de cesse de critiquer la frivolité et les légèretés de la dauphine. Marie-Antoinette ne s'habitue pas à l'étiquette et ne dissimule pas l'ennui que lui inspirent des personnages selon elle assommants.

↓ Portrait de l'archiduchesse Marie-Antoinette d'Autriche en 1767, à l'âge de 11 ans, par Martin van Meytens. Par son mariage le 16 mai 1770 avec le dauphin Louis-Auguste, petit-fils de Louis XV, elle devient le symbole vivant du « renversement des alliances » décidé en 1756 : le rapprochement de la France avec son ennemi héréditaire. Dès son arrivée à la cour, on la surnomme « l'Autrichienne ».

Portrait of Archduchess Marie-Antoinette of Austria in 1767, aged eleven, by Martin van Meytens. Through her marriage on May 16, 1779 with the dauphin Louis-Auguste, grandson of Louis XV, she became the living symbol of the shift of alliances decided upon in 1756: France's rapprochement with her longtime enemy. Upon her arrival at court, she was nicknamed "the Austrian."

LE GRAND CABINET INTÉRIEUR ET SES DÉPENDANCES

Le Grand Cabinet intérieur de la reine ❻❷ est un lieu de détente et d'audience privée. Marie-Antoinette y reçoit ses intimes, des artistes et des musiciens, tels son directeur de musique, le compositeur André Grétry, et le professeur Philipp Joseph Hinner qui la conduit sur la harpe livrée par Naderman à son avènement. Le magnifique décor pompéien est toutefois tardif (1783). Les nouvelles dorures sur fond blanc des boiseries ont donné à cette pièce son surnom de Cabinet doré. L'ancien satin blanc (livré en 1779) qui recouvrait les murs, broché d'arabesques, de fleurs et de médaillons, a été retendu à l'étage, dans le cabinet du Billard ❾❹ (cf. p. 93).

THE INNER GRAND CABINET AND ITS ANNEXES

The queen's inner Grand Cabinet ❻❷ was a place for relaxation and private audiences. This was where Marie-Antoinette received her close friends, artists and musicians such as her music director, André Grétry, and her teacher Philipp Joseph Hinner who instructed her on the harp created for her by Naderman when she was crowned. The magnificent Pompeian-style decorations were added later (1783). The

← Grand Cabinet intérieur de la reine, pièce de réception et de repos que Marie-Antoinette fit entièrement redécorer en 1783.
The queen's inner Grand Cabinet, a reception and rest room that Marie-Antoinette had entirely redecorated in 1783.

↓ Espagnolette rococo du Grand Cabinet intérieur de la reine ❻❷, un des seuls éléments conservés du premier décor de la reine Marie Leszczynska.
Rococo window catch in the queen's inner Grand Cabinet ❻❷, one of the only elements preserved from Marie Leszczynska's decoration scheme.

room earns its nickname, "Golden Cabinet," from the gilding against the backdrop of white woodwork. The white satin embroidered with arabesques, flowers and medallions (delivered in 1779) once covering the walls, was moved up one floor to the Billiard Room ❾❹ (cf. p. 93). As she grew older, Marie-Antoinette developed a taste for simpler designs. She found the fretwork and whimsical, colorful naturalism of the rococo favored by Marie Leszczynska distasteful. From the decor of

Avec l'âge, les goûts de Marie-Antoinette vont aux dessins simplifiés. Les chantournements et le naturalisme fantaisiste et coloré du rococo qu'aimait Marie Leszczynska la rebutent. Du décor du règne précédent, elle n'aurait gardé que les espagnolettes redorées des fenêtres du Grand Cabinet intérieur, ainsi que les lambris colorés et peints au naturel de scènes pastorales d'un minuscule arrière-cabinet (63) attenant, ancien cabinet des Poètes de Marie Leszczynska. Toutefois, il est fort probable que ces lambris proviennent des intérieurs de la dauphine Marie-Josèphe de Saxe, mère de Louis XVI, décédée en 1767.

→ À gauche de la cheminée du Grand Cabinet intérieur de la reine, une porte ouvre sur un minuscule arrière-cabinet (63) aux boiseries colorées et vernies selon la technique des frères Martin (milieu des années 1750).

Left of the fireplace in the queen's inner Grand Cabinet, a door opens onto a minuscule rear room (63) with colorful woodwork varnished according to the technique developed by the Martin brothers (mid-1750s).

↓ Scène orientale imaginaire peinte, avec d'autres toiles, par Marie Leszczynska en 1761 pour le décor de son cabinet des Chinois (emplacement de l'actuelle bibliothèque). Ces tableaux sont parvenus jusqu'à nous grâce à leur legs, en 1768, à la comtesse de Noailles, dame d'honneur de la reine.

Imaginary oriental scene painted, along with others canvases, by Marie Leszczynska in 1761, to decorate her Chinese Room (replaced by the current library). These paintings have reached us after being bequeathed, in 1768, to the Countess of Noailles, the queen's dame d'honneur.

↓ Treillage du balcon qui ceinturait le premier étage de la cour des cabinets intérieurs de la Reine (ou cour du Dauphin). Outre son agrément pour l'été, l'artifice permettait de se protéger des regards depuis l'antichambre de l'Œil-de-Bœuf (44) où deux fenêtres ouvrent sur la cour intérieure.

Latticework of the balcony surrounding the second floor of the courtyard of the queen's inner rooms (or the Dauphin's Courtyard). Apart from its pleasant effect in summer, the feature offered shelter from scrutiny from the Œil-de-Bœuf Antechamber (44) where two windows overlooked the internal courtyard.

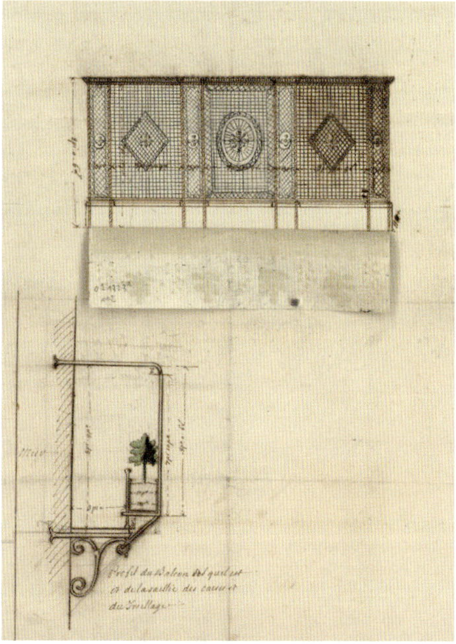

La reine Marie Leszczynska vivait dans un véritable jardin intérieur. Les boiseries du Grand Cabinet mariaient les fleurs aux moulures, naturelles et vives, les panneaux peints figuraient des treillages en perspective, des feuillages et des oiseaux. La pièce ouvrait, par un balcon agrémenté de treillages et de pots de faïence, sur le premier étage de sa cour intérieure, dite du Dauphin.

Le cabinet des Bains du soir

Si la toilette reste attachée au service de la Chambre, les pièces pour le bain jouxtant le Grand Cabinet intérieur de la reine 61 sont un lieu de délassement et d'intimité. Le bain du soir devient une institution sous Marie-Antoinette. L'hiver, les cheminées apportent le confort nécessaire. Le cabinet des Bains 64 dallé de marbre conserve ses boiseries, les arrivées d'eau de sa baignoire de cuivre, ainsi que les placards bas pour le

the preceding reign, she would only keep the regilded window catches in the inner Grand Cabinet, as well as the colorful painted paneling depicting pastoral scenes in a minuscule adjoining rear room 63, formerly the Poets' Cabinet of Marie Leszczynska. However, it is very likely that this paneling came from the interiors of the dauphine Marie-Josèphe de Saxe, mother of Louis XVI, who died in 1767.
Queen Marie Leszczynska dwelled in a veritable indoor garden. The Grand Cabinet's woodwork matched flowers with lively natural moldings

←↓ Cabinet des Bains ⓺④ aménagé pour Marie-Antoinette lors de son arrivée à la cour. La reine l'utilise essentiellement le soir, pour se délasser. Dallée de marbre, la pièce conserve ses boiseries, les arrivées d'eau de sa baignoire, ainsi que les placards bas pour le linge et les armoires murales pour le nécessaire de toilette.

Bathroom 64 fitted out for Marie-Antoinette when she arrived at court. The queen mainly used it to relax in the evening. The marble-tiled room has preserved its woodwork, bathtub inlets and low linen cupboards as well as the wall cabinets for toiletries.

while painted wood panels depicted trellises in perspective, foliage and birds. This room opened out, via a balcony adorned with latticework and earthenware pots, onto what was known as the Dauphin's Courtyard.

The evening bathroom

While the sovereign's toilet was overseen by the Chamber department, the bathrooms adjoining the queen's inner Grand Cabinet 61 were a place for relaxation and intimacy. The evening bath became an institution under Marie-Antoinette. In winter, fireplaces offered greater comfort. The

linge, les armoires murales pour le nécessaire de toilette, les produits cosmétiques, les flacons d'essences, de fragrances d'amande douce, d'eau de rose et de lavande qui servent à parfumer les bains.

La chambre de repos ⓺⓹ voisine est aussi utilisée comme cabinet de la Garde-robe des bains. Dans cette pièce ornée de cinq scènes champêtres à l'atmosphère printanière et naïve, la reine peut s'allonger pour se reposer des « fatigues du bain », comme l'y invitent les médecins. Ces scènes ont été commandées en 1749 par Marie Leszczynska à Jean-Baptiste Oudry. Elles représentent les sens, illustrés par cinq activités différentes aux cinq moments de la journée.

Le surnom de « Salon jaune » de la chambre de repos tient à la couleur du damas couvrant ses murs, posé au XIXe siècle pour l'épouse de Louis-Philippe, la reine Marie-Amélie. Celle-ci fit installer dans la petite pièce attenante une nouvelle chaise hydraulique remplaçant celle que Marie-Antoinette possédait déjà.

marble-tiled bathroom ⓺⓸ has preserved its woodwork and copper piping, as well as its low linen cupboards and wall cabinets for toiletries, cosmetics, flasks of oils and fragrances such as almond, rosewater and lavender for perfuming baths.

The neighboring rest chamber ⓺⓹ was also used as a wardrobe room. In this room decorated with five spring scenes, the queen could lie down to rest from "bath fatigue," as physicians advised her to do. These naïve bucolic scenes, commissioned in 1749 by Marie Leszczynska from Jean-Baptiste Oudry, represent the five senses,

← Dans la chambre de repos attenante au cabinet des Bains, la reine jouit de quelques instants de quiétude avant la cérémonie du coucher dans la chambre de parade.

In the rest chamber adjoining the bathroom, the queen could enjoy a few moments' peace before the bedtime ceremony held in the ceremonial chamber.

↓ Cabinet de la chaise attenant à la chambre de repos ⓺⓹ avec son mécanisme hydraulique rétabli pour la reine Marie-Amélie au XIXe siècle.

The commode room adjoining the rest chamber ⓺⓹ with a hydraulic mechanism installed for Queen Marie-Amélie in the 19th century.

illustrated by five different activities at five moments of the day.
The rest chamber earned its nickname of "Yellow Salon" from the color of the damask covering its walls, laid in the 19th century for the wife of Louis-Philippe, Queen Marie-Amélie. The latter ordered that the adjoining small room be fitted with a new hydraulic commode to replace the one formerly used by Marie-Antoinette.

Les arrière-cabinets de la chambre de parade

The rear rooms of the ceremonial chamber

La chambre du Grand Appartement de la Reine 57 est pourvue d'arrière-cabinets. De chaque côté du lit, deux portes dissimulées dans les plumes de paon de la soierie (restituée sur le modèle de 1787) ouvrent sur des espaces inconnus du courtisan. À gauche, un long corridor est formé de trois petites pièces en enfilade avec, au centre, le cabinet de toilette 66. Son décor n'a presque pas changé depuis l'époque où la duchesse de Bourgogne, dauphine et mère de Louis XV, logeait ici (de 1697 à 1712). La perspective bute sur la double porte de l'antichambre de l'Œil-de-Bœuf 44 où il est quasiment impossible de passer en journée. Les femmes de chambre sont tout juste aperçues aux encoignures. Le corridor est en effet le domaine du service de la Chambre de la reine. Le cabinet de la chaise 67 sert, par exemple, à ranger le mobilier de nuit, les pots, les bains de pieds, le sabot et le nécessaire pour le petit lever. Trois escaliers discrets desservent les étages, du rez-de-chaussée à l'attique, y compris le bas-étage entresolé – « l'entresol de la Reine » – dont les salles sont utilisées par les services

→ Porte dissimulée dans la chambre du Grand Appartement de la Reine 57 (à gauche de son lit) ouvrant sur ses arrière-cabinets.

Hidden door in the chamber of the Queen's Grand Apartment 57 (left of her bed) leading to her rear rooms.

The chamber of the Queen's Grand Apartment 57 encompassed a few rear rooms. On either side of the bed, two doors hidden in the peacock feathers of the silkwork (restored after the 1787 model) led to spaces that escaped the attention of most courtiers. On the left, a long corridor was made up of an enfilade of three small rooms with a dressing room 66 in the center. Its decor has barely changed since the era when the Duchess of Burgundy, dauphine and mother of Louis XV, lived here (from 1697 to 1712). The corridor led to the double door of the Œil-de-Bœuf Antechamber 44 where it was practically impossible to pass through during the day. From the antechamber, *femmes de chambre* could just barely be glimpsed through the door's gaps. Indeed, the corridor was the domain of the queen's Chamber service. The commode room 67, for example, was used to store night equipment, chamber

pots, foot baths, the hip bath and essential items for the *petit lever* (small rising ritual) preceding the *grand lever* (public rising ceremony). Three discreet staircases accessed the various floors, from the ground floor to the attic floor, including the lower entresol level—"the Queen's Entresol"—whose rooms were used by the Chamber department (watch room, dressing and linen rooms). On this level, the well-known "King's Passage" (cf. p. 58) permitted secret circulation under the Œil-de-Bœuf Antechamber and linked the two parts of the palace.

MORNING RITUALS

At the time fixed on the preceding eve, the queen's First Femme de Chambre would enter the chamber of the Grand Apartment via the rear rooms to set about waking her mistress. She would be joined by the lady of the chamber pot who discreetly removed the bedside table and prepared water for the first leg wash of the day. In winter, the fire-tender would light up the fireplace while the valets

← Dans son cabinet de toilette (66), la reine s'installe devant sa coiffeuse pour se faire maquiller. Ses dames utilisent le plus souvent un fard à la poudre blanche d'amidon et du rouge à base de carmin pour ses pommettes et ses lèvres. Marie-Antoinette se parfume de fragrances de rose ou de violette fournies par ses maîtres parfumeurs, Fargeon et Houbigant.

In her dressing room (66), the queen would settle down in front of her dressing table to be made up. Her makeup attendants usually used white-starch makeup as well as cochineal-based reddener for her cheeks and lips. For perfume, Marie-Antoinette wore rose or violet fragrances supplied by her master perfumers Fargeon and Houbigant.

de la Chambre (chambre de veille, salles des atours et lingerie). À ce niveau, le fameux « passage du Roi » (cf. p. 58) permet de circuler secrètement sous l'antichambre de l'Œil-de-Bœuf et offre une communication entre les deux parties du château.

LES CÉRÉMONIES MATINALES

À l'heure fixée la veille, la première femme de chambre pénètre par les arrière-cabinets dans la chambre du Grand Appartement pour s'enquérir du réveil de sa maîtresse. Elle est rejointe par la femme porte-chaise d'affaires qui enlève discrètement la table de nuit et prépare l'eau pour la première toilette des jambes. L'hiver, le feutier ranime le foyer de la cheminée pendant que les valets ouvrent doucement les volets intérieurs des fenêtres donnant sur le midi. Tout en effectuant des révérences, la femme de la garde-robe des atours pose près du lit une corbeille contenant la lingerie du « grand négligé du matin ». L'huissier de la Chambre prend place devant la porte. Les courtisans font antichambre dans la pièce des Nobles (56).

↓ Le cabinet de la chaise de la chambre de la Reine (67), jouxtant le cabinet de toilette, servait à ranger le mobilier de nuit, les pots, les bains de pieds et le sabot ou les objets de la toilette du petit lever.

The commode room in the Queen's Chamber (67), next to the dressing room, was used to store night equipment, chamber pots, foot baths, the hip bath and essential items for the petit lever.

↑ Cette gravure de mode datée de 1776 évoque la passion de Marie-Antoinette pour les coiffures : avec son maître perruquier Jean-François Autier, surnommé « Léonard », elle lance à la cour les hautes coiffures, agrémentées d'accessoires hétéroclites, et soutenues par une armature de fils d'acier.

This fashion plate dating from 1776 conveys Marie-Antoinette's passion for hairstyles: with her master wigmaker Jean-François Autier, nicknamed "Léonard," she launched the courtly fashion of tall coiffures set off by various accessories and supported by wire framework.

Alors qu'il fait petit jour chez la reine, le cérémonial du petit lever peut commencer. La surintendante le préside officiellement bien que, le plus souvent, ce soit la dame d'honneur qui orchestre l'accomplissement du protocole (cf. p. 33).
Les grandes entrées sont accordées de droit aux membres de la Maison de la reine, aux dames du palais, aux officiers de la Faculté, au premier médecin, au premier chirurgien... À n'importe quel moment, les membres de la famille royale ou les princesses du sang peuvent faire leurs entrées familières, imposant à tous une profonde révérence.
Les hommes se retirant, la reine est parée de la chemise par ses dames. Elle prie puis déjeune d'un café ou d'un chocolat. Les premières audiences achevées, une baignoire sabot sur roulettes est installée à côté

gently opened the internal blinds of the south-facing windows. Curtseying all the while, the *femme de la garde-robe des atours* (wardrobe attendant) would place, near the bed, a basket containing the lingerie comprising the *grand négligé du matin* (official morning negligee). While the usher took up position in front of the door, courtiers would gather outside to wait in the Nobles' Room (56). When dawn broke, the *petit lever* ritual could begin. Officially, the superintendent presided over the ceremony but more often than not, it was the *dame d'honneur* who saw to the respect of protocol (cf. p. 33).
"Grand entries" were granted to members of the queen's household, her reader, the *dames du palais*, doctors such as the First Physician, the First Surgeon or the physician-in-ordinary... At any moment, members of the royal family or blood princesses could make "familiar entries," demanding shows of great deference from all present.
The men would then withdraw before the queen was dressed in a nightdress by her female attendants. After saying her prayers, she would breakfast on coffee or hot chocolate. Once the first audiences were dispensed with, a wheeled hipbath would be set up beside the bed by two female bathkeepers so that the queen could take her morning bath. Background figures waited impatiently in the rear rooms: the wigmaker-bathkeeper, soon joined by the wardrobe valets carrying the first day dress, folded and protected by large taffeta covers. There was

no room for surprise: every week, the queen came to an agreement with the Countess of Ossun, her *dame d'atours*, on a selection of three daily dresses depending on the duties required by her official schedule that was managed by her *dame d'honneur*. The appointment, in 1774, of the Princess of Chimay—*dame d'atours* at the time—as *dame d'honneur* enabled Marie-Antoinette to get rid of the elderly Countess of Noailles who had spared no pains in indoctrinating the young dauphine in the rigors of protocol. Once sworn in as queen, Marie-Antoinette imposed her first palace revolution by reducing the services of her *dames* and the entries at the *petit lever*. Her changes carried over to the rest of the morning

du lit par deux baigneuses-étuvistes afin que la reine puisse prendre son bain du matin. Les hommes de l'ombre s'impatientent dans les arrière-cabinets : le perruquier-baigneur-étuviste est bientôt rejoint par les valets de la garde-robe portant la première robe du jour, pliée et protégée dans de grandes housses de taffetas. La surprise n'est pas de mise : la reine s'accorde chaque semaine avec la comtesse d'Ossun, sa dame d'atours, sur les choix des trois robes journalières en fonction de l'emploi du temps officiel, régi par sa dame d'honneur. La nomination à ce poste, en 1774, de la princesse de Chimay – alors dame d'atours – permit à Marie-Antoinette de se débarrasser de la vieille comtesse de Noailles… qui n'avait pas ménagé sa peine pour inculquer à la jeune dauphine

↓ Chambre de veille pour les femmes de chambre de service, dans l'entresol de la Reine (rez-de-chaussée). Cette pièce est accessible par un escalier depuis le corridor des arrière-cabinets de la chambre du Grand Appartement de la Reine 66.

Watch room for on-duty femmes de chambre *in the Queen's Entresol (ground floor). This room can be accessed by a staircase leading from the corridor of the rear rooms attached to the chamber in the Queen's Grand Apartment* 66.

→ Escalier des arrière-cabinets de la chambre du Grand Appartement de la Reine 66 donnant accès à l'entresol de la Reine et au passage du Roi, lequel court sous l'antichambre de l'Œil-de-Bœuf 44. Éclairé à l'amorce par une fenêtre donnant sur la première antichambre de l'appartement du Dauphin 10, l'escalier continuait autrefois son chemin en entresol sous la galerie des Glaces.

Staircase serving the rear rooms of the chamber in the Queen's Grand Apartment 66, giving access to the Queen's Entresol and the King's Passage that led under the Œil-de-Bœuf Antechamber 44. With light filtering into the bottom of the stairwell through a window opening out onto the first antechamber of the Apartment of the Dauphin 10, the staircase once continued up to an entresol floor below the Hall of Mirrors.

la rigueur du protocole. Devenue reine, Marie-Antoinette impose sa première révolution de palais en réduisant le service de ses dames et les entrées au petit lever. Elle le décale plus tard dans la matinée. En bonne logique, elle modifie également la cérémonie du grand lever où tous les courtisans peuvent admirer le ballet des dames qui passent à la reine son panier ou son jupon rond, puis la corsètent, l'habillent, la coiffent et la parent. On ne parle bientôt plus que du lever de la reine, un « lever simplifié », qui a lieu en général à onze heures du matin. Marie-Antoinette se retire dans ses arrière-cabinets en laissant l'assemblée dans l'attente et ne réapparaît que fin prête pour se rendre à la messe.

AU PASSAGE DU ROI

L'intimité de la vie conjugale des souverains n'est pas toujours des plus aisée. Si Marie Leszczynska ferme sa porte à Louis XV quelques années seulement après leur mariage, épuisée par de multiples grossesses, Marie-Antoinette devra attendre huit longues années la venue de son premier enfant. Dès 1775, afin de rapprocher le couple royal maladroit, mais plus certainement à l'initiative de Louis XVI, un passage sous l'antichambre de l'Œil-de-Bœuf 44 et la galerie des Glaces est aménagé (aujourd'hui interrompu par la restitution de la Galerie basse au rez-de-chaussée). Il relie discrètement, par l'escalier semi-circulaire de la cour des Cerfs 30, la chambre de l'appartement intérieur du Roi 82 (cf. p. 170) à la chambre du Grand Appartement de la Reine 57.
C'est par ce passage que Louis XVI, à l'aube du 6 octobre 1789, tente de venir prêter secours à sa

ceremonies, namely the *grand lever* when all courtiers would admire the ballet of the dames handing over to the queen her pannier or her hoop petticoat, then fitting her with her corset, and dressing, coiffing and adorning her. As of this time, there was only one simplified rising ceremony for the queen, generally taking place at eleven in the morning. Marie-Antoinette would then retreat to her rear rooms and leave the assembly to wait, only reappearing when she was ready to go to mass.

IN THE KING'S PASSAGE

Marital intimacy between sovereigns was a delicate matter. While Marie Leszczynska, tired out by multiple pregnancies, kept her door closed to Louis XV only a few years after their wedding, Marie-Antoinette had to wait eight long years before her first child arrived. From 1775 onwards, in order to draw the awkward royal couple closer, and most certainly at the initiative of Louis XVI, a passage was created under the Œil-de-Bœuf Antechamber 44 and the Hall of Mirrors (today interrupted by the restoration of the Lower Gallery on the ground floor). This provided a discreet link, via the semi-circular staircase of the Courtyard of the Stags 30, between the chamber in the king's interior apartments 82 (cf. p. 170) and the one in the Queen's Grand Apartment 57.
It was through this passage that Louis XVI, at daybreak on October 6, 1789, attempted to come to his wife's aid as rioters forced open the doors of the

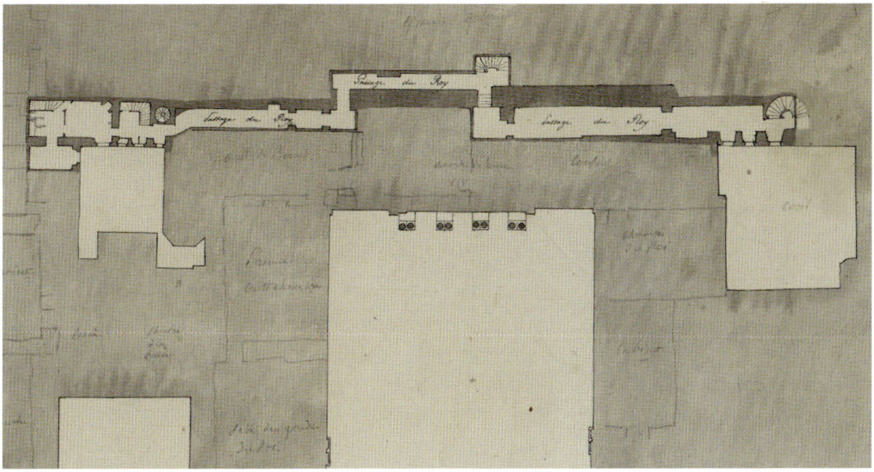

↑ Plan du passage du Roi reliant l'entresol de la Reine permettant aux souverains de se rejoindre discrètement. Le passage court sous l'antichambre de l'Œil-de-Bœuf et continuait autrefois son chemin en entresol sous la galerie des Glaces pour aboutir à la cour des Cerfs (cf. p. 120).

Plan of the King's Passage in the Queen's Entresol enabling the sovereigns to meet up discreetly. The passage led under the Œil-de-Bœuf Antechamber and once continued over an entresol floor under the Hall of Mirrors through to the Courtyard of the Stags (cf. p. 120).

femme alors que les émeutiers forcent les portes de la salle des Gardes du Grand Appartement de la Reine. Mais Marie-Antoinette accomplit au même moment le chemin inverse en passant par le corridor de ses arrière-cabinets ouvrant sur l'antichambre de l'Œil-de-Bœuf. Elle est accompagnée de la première femme de chambre en service et de sa suivante, mesdames Thibaut et Augié. Rebroussant chemin, le roi retrouve la reine dans la chambre de Louis XIV où le couple se réfugie avec les Enfants de France et leur gouvernante. La foule groupée sous les fenêtres demande à grands cris que la reine paraisse au balcon ; ce qu'elle fait, non sans terreur, portant dans ses bras le dauphin en présence du marquis de La Fayette. Celle qu'on vient de huer est acclamée ! Pour la famille royale, le départ pour Paris est proche. Cette terrible nuit est la dernière des souverains au château.

↓ Le passage du Roi dans sa partie subsistante, éclairé par une fenêtre donnant sur la première antichambre de l'appartement du Dauphin.

A remaining section of the King's Passage, lit by a window opening out onto the first antechamber of the Apartment of the Dauphin.

Guards' Room of the Queen's Grand Apartment. But at precisely the same moment, Marie-Antoinette happened to be negotiating another passage going in the opposite direction, passing through the corridor of her rear rooms that led to the Œil-de-Bœuf Antechamber. She was accompanied by the First Femme de Chambre on duty and her attendant, Mesdames Thibaut and Augié. It was by backtracking that the king found the queen in the Chamber of Louis XIV where the couple hid with the Children of France and their governess. A crowd gathering under the palace windows yelled for the queen to appear at the balcony. With terror in her heart, she met the throng's request, carrying the dauphin in her arms and accompanied by the Marquis of La Fayette.

All of a sudden, the queen was no longer an object of jeering but of cheering! Shortly afterwards, the royal family left for Paris. This horrendous night was the last one they would ever spend in the palace.

PAULINE'S SMALL APARTMENT

In 1782, the king granted Marie-Antoinette the ground-floor apartment facing the Marble Courtyard, that since 1769, had been occupied by Madame Sophie, aunt of Louis XVI. Here, she created a new private residence that soon became known as the Queen's Small Apartment (cf. p. 72). As the months passed, the queen preferred to sleep here rather than in the ceremonial chamber of her Grand Apartment 57 on the *bel étage* (second floor), whose entresol rooms devoted to service progressively lost their utility. In a palace where space

LE PETIT APPARTEMENT DE PAULINE

En 1782, Marie-Antoinette obtient du roi l'appartement au rez-de-chaussée de la cour de Marbre qui était depuis 1769 celui de Madame Sophie, tante de Louis XVI, pour créer un nouveau logement privatif, bientôt connu sous le nom de Petit Appartement de la Reine (cf. p. 72). Les mois passant, la reine dort de moins en moins à l'étage noble dans la chambre d'apparat de son Grand Appartement 57 dont les pièces entresolées dévolues au service perdent progressivement leur utilité. Dans un château où la place manque toujours, l'aubaine d'un nouveau logement si vaste séduit le couple royal qui décide d'en faire un appartement familial. Cette décision est renforcée par l'installation fin 1787, au rez-de-chaussée, au-dessous du Grand Appartement de la Reine, du jeune

↑ Première salle de la garde-robe des atours à l'entresol de la Reine, devenue l'antichambre de l'appartement de Pauline de Tourzel en juillet 1789.

First room of the dressing room in the Queen's Entresol, converted into the antechamber of the apartment of Pauline de Tourzel in July 1789.

héritier de la Couronne (qui n'a encore que sept ans) et de son gouverneur (cf. p. 76). L'enfant meurt en juin 1789. Louis XVI rapatrie alors dans son appartement ses deux autres enfants, depuis l'aile du Midi où ils logent avec leur gouvernante. La duchesse de Polignac s'étant exilée après la prise de la Bastille, Louis XVI la remplace par madame de Tourzel. Les Enfants de France gagnent alors une amie de jeu inattendue en la personne de Pauline de Tourzel – fille de leur nouvelle gouvernante –, installée à l'entresol de la Reine, à la place des trois salles de la garde-robe des atours et de la lingerie. Cette résidence est une faveur qui se mesure à l'aune du climat particulier de l'été 1789. À moins que Louis XVI n'ait été ému par la destinée tragique de madame de

↓↗ Deuxième et troisième salle de la garde-robe des atours à l'entresol de la Reine, où se trouvaient des armoires à coulisses et de grands portemanteaux, ainsi que de vastes tables pour étendre, repasser et plier les vêtements de la souveraine. En juillet 1789, ces deux salles furent transformées en chambre et en cabinet pour Pauline de Tourzel.

Second and third rooms of the dressing room in the Queen's Entresol, once fitted with sliding wardrobes and large coat racks, as well as vast tables for laying out, ironing and folding the sovereign's clothes. In July 1789, these two rooms were converted into a bedroom and a cabinet for Pauline de Tourzel.

was a precious commodity, the boon of a vast new residence seduced the royal couple, and the sovereigns decided to make it into their family apartment. This decision was reinforced when the young heir to the throne (aged only seven years) and his tutor relocated to the ground floor, beneath the Queen's Grand Apartment, at the end of 1787 (cf. p. 76). The child would die in June 1789. Louis XVI subsequently set up his two other children in this apartment, removing them from the South Wing where they dwelled with their governess, the Duchess of Polignac. Following the latter's emigration after the seizure of the Bastille, Louis XVI had her replaced by Madame de Tourzel. At this point, the Children of France gained an unexpected new playmate in the person of Pauline de Tourzel, daughter of their new

governess, who settled in the Queen's Entresol in refurbished quarters converted from three rooms formerly used for dressing and linen storage. The allocation of these quarters could be read as a gauge of the unusual climate reigning during the summer of 1789. Unless the favor could be attributed to Louis XVI being moved by the tragic destiny of Madame de Tourzel, widow of the Grand Provost of France in charge of the court police, who, in 1786, broke his neck while hunting at Fontainebleau...

Trusted by the queen

Pauline was eighteen years old when she settled in the entresol service rooms linked to the queen's chamber. She went on to follow the royal family to the Tuileries Palace, delivering a crucial testimony to the monarchy's final months. She wrote about the hidden inconveniences embedded in the favor of having a dwelling at Versailles. The small low-ceilinged rooms needed to be lit by candlelight

↑ Lingerie de l'entresol de la Reine, petite pièce située derrière la troisième salle de la garde-robe des atours.

Linen room in the Queen's Entresol, a small rear room attached to the third dressing room.

Tourzel, veuve du grand prévôt de France qui, en 1786, s'était brisé la nuque lors d'une chasse à Fontainebleau... Cet officier avait la responsabilité de la police à la cour.

Dans le secret de la reine

Pauline a dix-huit ans lorsqu'elle s'installe dans les pièces à l'entresol, au service de la Chambre la reine. Elle suivra la famille royale jusqu'au palais des Tuileries, livrant un témoignage capital sur les derniers mois de la monarchie. Dans ses écrits, elle raconte les désagréments que cache la faveur de son logement

↑ Salle voûtée à l'arrière de la lingerie à l'entresol de la Reine, servant de remise ou pour étendre du linge.
Vaulted room behind the linen room in the Queen's Entresol, in which linen was stored or hung.

versaillais. Les petites pièces basses de plafond imposent la bougie dès l'après-midi ; en outre, ces plafonds ne sont pas très épais. La chambre est exactement située sous le cabinet de la Méridienne de la reine (68). Comme la nouvelle gouvernante s'en inquiète auprès de Marie-Antoinette, celle-ci lui aurait répondu : « Qu'importe, je n'ai rien à craindre quand mes plus secrètes pensées tomberaient dans le cœur de notre chère Pauline. »

LE CABINET DE GROSSESSE

Au printemps 1781, la reine est enceinte de son deuxième enfant que tous espèrent être un mâle. On s'inquiète des chaleurs précoces… Agacée par cet affairement autour d'elle, Marie-Antoinette cherche à s'en retrancher et fait réaménager à cette fin le petit cabinet de repos à l'arrière de sa chambre (57) (porte dissimulée à droite de son lit) ; il est depuis lors connu sous le nom de cabinet de la Méridienne (68). L'architecte Richard Mique propose d'établir des pans coupés dans la pièce pour poser deux portières à l'aplomb d'une niche-sofa, ce qui permet de créer,

from afternoon onwards. In addition, the ceilings were not very thick, and her bedroom was located beneath the queen's Meridian Room (68). When the new governess expressed her concern about this point to Marie-Antoinette, the queen is said to have replied: "What does it matter, I have nothing to fear if my most secret thoughts fall into the heart of our dear Pauline."

THE CHILDBEARING ROOM

In the spring of 1781, the queen fell pregnant with her second child, stirring up everyone's hopes that it would be a boy. Much ado was made about the prematurely warm weather…

↑ Cabinet de la Méridienne (68)
dans les cabinets intérieurs de la Reine.
The Meridian Room (68) in the queen's inner rooms.

Annoyed by this fussing about her, Marie-Antoinette sought to cut herself off from the agitation, and ordered the refurbishing of a small resting room behind her chamber (57) (accessed by a hidden door to the right of her bed); it has since come to be known as the Meridian Room (68). Architect Richard Mique came up with the idea of cut-out sections for the room, enabling doors to be placed directly over a niche-sofa; once the doors were put up, a passage was created behind, allowing servants to access other inner rooms without disturbing the sovereign. The design of the glassed doors was conferred to carver-foundryman Forestier,

derrière, un passage pour que les femmes de service puissent aller vers les autres salles des cabinets intérieurs sans déranger la souveraine. Le dessin des portes vitrées est confié au ciseleur-fondeur Forestier, qui les agrémente de rosiers en fleur sur le pourtour et d'un aigle dont la massue est prise dans des branchages. Au couronnement, un dauphin symbolise la naissance tant attendue. Les cœurs percés au niveau des targettes des serrures sont traversés par un sceptre royal à fleurs de lys exprimant l'amour et la protection du roi. Comme le veut la tradition, la reine accouche en public, mettant au monde dans la chambre de parade le premier héritier, le dauphin Louis-Joseph, le 22 octobre 1781.

→ Lit de la chambre du Grand Appartement de la Reine 57 avec son coq triomphant encadré par deux aigles rappelant que les enfants qui naîtront de cette union seront les héritiers de la Couronne de France. Le lit a été reconstitué sur le modèle dessiné par Jacques Gondoin en 1769.

Bed in the chamber of the Queen's Grand Apartment 57 with a triumphant rooster surrounded by two eagles as a reminder that the children born from this union would be heirs to the French throne. The bed was based on a model designed by Jacques Gondoin in 1769.

Aux yeux de tous

Si, aux derniers jours de sa grossesse, la reine vit recluse dans ses cabinets intérieurs, les premiers signes de travail précipitent l'attention de la cour. « Accoucher aux yeux de tous est la grandeur de vous et de votre enfant », affirmait Henri IV à la pudique Marie de Médicis. Le rituel veut prévenir toute substitution, il garantit la continuité et la légitimité dynastiques. Membres de la famille royale, ministres, ambassadeurs et dames du palais se pressent alors vers la chambre du Grand Appartement de la Reine 57 au point qu'il est difficile de contrôler les entrées.

Lors de la naissance du premier enfant de Marie-Antoinette, Marie-Thérèse, le 19 décembre 1778, dans une atmosphère irrespirable, l'accoucheur Charles-Toussaint de Vermond s'active, entouré des médecins de la Faculté. La surintendante, la princesse de Lamballe, fait savoir d'un geste qu'il s'agit d'une fille. Louis XVI se fraye alors un chemin parmi les courtisans agglutinés, gagne les fenêtres calfeutrées à cause du froid et tente de les ouvrir. Il ordonne l'évacuation de la pièce tandis que l'on saigne la reine au son des cloches. Marie-Antoinette gardera un si mauvais souvenir de ces instants qu'elle réclamera, et obtiendra de Louis XVI, que l'assistance lors de son deuxième accouchement soit réduite à une dizaine de personnes.

who placed decorative flowering bushes around the edges and an eagle with a club caught in branches. The crowning element is a dolphin (*dauphin* in French) symbolizing the much-awaited birth. The pierced hearts level with the bolts are run through with a royal scepter with fleurs de lys, expressing the king's love and protection. But as required by tradition, the queen gave birth in her state chamber, and the dauphin Louis-Joseph was born on October 22, 1781.

In public view

While the queen lived as a recluse in her inner rooms in the last days of her pregnancy,

the first signs of labor whipped up the court: giving birth in public was an attribute of "your and your child's grandeur," as Henry IV told the modest Marie de' Medici. The ritual aimed at guarding against the introduction of a changeling, thus guaranteeing the dynasty's continuity and legitimacy. Members of the royal family, ministers, ambassadors and ladies of the palace flocked to the chamber of the Queen's Grand Apartment ⑰ in such numbers that it was difficult to monitor entries. When Marie-Antoinette's first child, Marie-Thérèse, was born on December 19, 1778 in a stifling atmosphere, the delivery was performed by obstetrician Charles-Toussaint de Vermond, aided by physicians from the Faculté. The queen's superintendent, the Princess of Lamballe, indicated to the crowd that it was a girl. When the queen fainted, Louis XVI pushed through the mass of courtiers to open the windows, weatherstripped due to the cold. He then ordered that the room be evacuated while the queen was bled to the sound of ringing bells. Marie-Antoinette kept such a horrific memory of these moments that she would demand—and be granted by Louis XVI—restriction of attendance at her second birth to ten or so people.

↑ Buste de Marie-Antoinette dans l'ancienne pièce de service ⓳ de la chambre à coucher du Petit Appartement de la Reine ⓴ ouvrant sur le rez-de-chaussée de la cour de Marbre.
Bust of Marie-Antoinette in the former service room ⓳ of the childbearing chamber of the Queen's Small Apartment ⓴ on the ground floor facing the Marble Courtyard.

Les appartements du rez-de-chaussée

The ground-floor apartments

Marie-Antoinette souffre de l'exiguïté et du manque de lumière des cabinets intérieurs de son Grand Appartement. Si le Petit Trianon offre la séduction de douces nuits estivales « à la campagne », les rigueurs hivernales au château paraissent d'autant plus cruelles. Au début des années 1780, la libération d'un appartement au rez-de-chaussée de la cour de Marbre offre l'occasion de tout changer.

Marie-Antoinette suffered from the crampedness and dimness of her Grand Apartment's inner rooms. While the Petit Trianon offered the seductive alternative of mild summer nights "in the countryside," the trials of winter were far less harrowing in the Palace of Versailles. At the start of the 1780s, the freeing up of a ground-floor apartment facing the Marble Courtyard offered an opportunity for change.

MADAME SOPHIE'S FINAL RESIDENCE

In 1769, Louis XV gave permission for the Marble Vestibule and the Lower Gallery on the ground floor of the palace's central body to be transformed into an apartment for Sophie, one of his younger daughters ... A few architectural sacrifices could only be expected when there were four royal princesses—Adélaïde, Victoire, Sophie and Louise—to be housed. Sophie's new apartment was vast and bright, offering an admirable view of the Grand Canal (this section of the apartment disappeared when the Lower Gallery was restored in the 19th century). Did the shy princess take full advantage of this spectacular view given her penchant for withdrawing to her library during her final years? It was in the chamber of this apartment, with her sisters at her side, that she died, on March 3, 1782, following a drawn-out illness.

LE DERNIER LOGEMENT DE MADAME SOPHIE

En 1769, Louis XV concède à Sophie, l'une de ses filles cadettes, la transformation en appartement du vestibule de Marbre et de la Galerie basse au rez-de-chaussée du corps central du château... Le logement de quatre princesses royales – Adélaïde, Victoire, Sophie et Louise – impose quelques sacrifices architecturaux. L'appartement neuf de Sophie est vaste et lumineux et offre une admirable perspective sur le Grand Canal (cette partie de l'appartement a disparu par la restitution de la Galerie basse au XIXe siècle). La timide princesse apprécia-t-elle cette vue à sa juste valeur, elle qui vécut ses dernières années le plus souvent recluse dans sa bibliothèque ? Elle décède dans son appartement au terme d'une longue maladie, le 3 mars 1782, veillée par ses sœurs.

→ Madame Sophie (sixième fille de Louis XV) en 1776, à l'âge de 42 ans, peinte par Louis-Lié Perin-Salbreux dans sa bibliothèque de stuc, un livre à la main. Ce tableau a été commandé par sa sœur Adélaïde pour son cabinet intérieur.

Madame Sophie (sixth daughter of Louis XV) in 1776, aged forty-two, painted by Louis-Lié Perin-Salbreux in her stucco library, holding a book. This painting was ordered by her sister Adélaïde for her inner room.

↑ Ancienne bibliothèque de stuc de Madame Sophie, que la reine Marie-Antoinette conservera dans son Petit Appartement (emplacement de l'actuel vestibule de Marbre).

Former stucco library of Madame Sophie, kept by Queen Marie-Antoinette as part of her Small Apartment (now replaced by the Marble Vestibule).

UN APPARTEMENT POUR MADAME ROYALE

La mort de la tante Sophie est l'occasion pour Marie-Antoinette de demander au roi le logement de celle-ci. Elle entend en faire un appartement familial et y installer sa fille aînée, âgée de trois ans et demi en mars 1782, alors logée dans l'aile du Midi, pour diriger elle-même son éducation. Mais il faut compter avec les prérogatives de la princesse de Rohan-Guéméné, gouvernante des Enfants de France, dont la charge est inamovible et reconduite au sein de sa famille depuis Louis XIV. Le scandale de la banqueroute financière du prince de Rohan-Guéméné (son mari) donne à Marie-Antoinette un prétexte. Elle convainc Louis XVI de nommer à sa place son amie intime, la

AN APARTMENT FOR MADAME ROYALE

The death of Aunt Sophie provided an opportunity for Marie-Antoinette to request the vacated residence. Her intention was to make it into a family apartment where she could house her eldest daughter, aged three and a half years in March 1782 and residing in the South Wing at the time, in order to take charge of the child's

duchesse de Polignac, et de renvoyer les deux sous-gouvernantes en charge de sa fille, mesdames d'Aumale et de Villefort. La reine leur substitue madame Brunier, première femme de chambre de Madame Royale. Cette liberté est l'objet de réprobations mais Marie-Antoinette passe outre et installe sa fille dans l'ancien appartement de Madame Sophie. Elle peut ainsi lui rendre visite à sa guise en empruntant le passage du Roi (cf. p. 58). Le camp des critiques ne désarmant pas, la reine devra cependant bientôt renoncer à ce rapprochement.

education herself. But it was necessary to reckon with the prerogatives of the Princess of Rohan-Guéméné, governess to the Children of France, whose office was fixed and had been renewed in the family ever since the time of Louis XIV. A scandal involving the financial bankruptcy of the Prince of Rohan-Guéméné (her husband) gave Marie-Antoinette a handy pretext. She persuaded Louis XVI to appoint as a replacement her close friend, the Duchess of Polignac, and to dismiss the two under-governesses, Mesdames d'Aumale and de Villefort. The queen replaced the latter with Madame Brunier, the First Femme de Chambre of Madame Royale. The liberty exercised by the queen sparked criticisms, but Marie-Antoinette disregarded them and proceeded to move her daughter into Madame Sophie's former apartment. In this way, she was able to visit her as she wished by taking the King's Passage (cf. p. 58). However, her detractors failed to let the matter drop and the queen would soon have to renounce this reunification with her daughter.

↑ Marie-Thérèse Charlotte (dite Madame Royale), 6 ans, et son frère le dauphin Louis-Joseph, 4 ans (les deux premiers enfants de Louis XVI et Marie-Antoinette), peints à la fin de l'année 1784 par Élisabeth-Louise Vigée-Le Brun.

Marie-Thérèse Charlotte (known as Madame Royale), six years old, and her brother the dauphin Louis Joseph, four years old (the two elder children of Louis XVI and Marie-Antoinette), painted at the end of 1784 by Élisabeth-Louise Vigée-Le Brun.

LE PETIT APPARTEMENT DE LA REINE

Dès le mois d'octobre 1783, Madame Royale réintègre officiellement l'aile du Midi, bien qu'elle continue à passer une grande partie de son temps dans l'ancien appartement de Madame Sophie, définitivement annexé par Marie-Antoinette à ses appartements intérieurs. Le passage du Roi (cf. p. 58) qui aboutit à la pièce de service ⓳ de sa nouvelle chambre à coucher ⓴ lui permet en outre de se rapprocher de Louis XVI qui dort à l'étage, en empruntant l'escalier semi-circulaire ㉚. La logique de ces aménagements a toutefois été bouleversée par les transformations muséographiques du XIXe siècle. La bibliothèque de stuc et les

↓La nouvelle chambre de Marie-Antoinette ⓳ ne conserve de son décor que la belle cheminée en marbre griotte. En dehors du lit, le mobilier de Riesener a retrouvé sa place (commode, secrétaire et coiffeuse), tout comme les sièges aux lignes simplifiées commandés en 1788 à Georges Jacob.

The only decorative detail preserved in Marie-Antoinette's new chamber ⓳ was the beautiful fireplace in Griotte marble. Apart from the bed, Riesener's furniture (chest of drawers, writing desk and dressing table) continues to stand here, as well as the chairs ordered in 1788 from Georges Jacob.

THE QUEEN'S SMALL APARTMENT

As of October 1783, Madame Royale officially returned to the South Wing even if she continued to spend the bulk of her time in the former apartment of Madame Sophie, permanently annexed by Marie-Antoinette to her interior apartments. The King's Passage (cf. p. 58) leading to the service room ⓳ of her new childbearing chamber ⓴ also provided a way for her to visit Louis XVI who slept upstairs, by taking the semi-circular staircase ㉚. But the logic of this organization was overturned by the palace's museographic transformations in the 19th century. The stucco library and other rooms overlooking the gardens were sacrificed to restore the Marble Vestibule and the

↑ Cabinet des Bains du Petit Appartement de la Reine ㉑.
Bathroom of the Queen's Small Apartment ㉑.

Lower Gallery. Today, only the bathroom ㉑ conserves its refined aquatic decoration.

autres pièces ouvrant sur les jardins ont été sacrifiées à la restitution du vestibule de Marbre et de la Galerie basse. Aujourd'hui, seul le cabinet des Bains ㉑ conserve son décor aquatique raffiné.

The last bathroom
The paneling in the bathroom of the Queen's Small Apartment ㉑ is a masterpiece in Versailles ornamental art. Marie-Antoinette barely had the chance to take advantage of it as the room was only completed in the fall of 1788. The white decorations standing out against the bluish-gray background are associated with the aquatic world: swans drinking from basins perched on tendrils adorned with shells, reeds, strings of pearls and branches of coral. Furniture by Georges Jacob was installed as well as a tin-plated copper bathtub from the 1780s, fitted with a pair of taps based on a model from the end of the 18th century.

Le dernier cabinet des Bains

Les lambris du cabinet des Bains du Petit Appartement de la Reine ㉑ sont un chef-d'œuvre de l'art ornemental versaillais. Marie-Antoinette n'en profite guère puisque la pièce n'est prête qu'à l'automne 1788. Les ornements blancs qui se détachent sur le fond gris-bleu évoquent le monde aquatique : des cygnes s'abreuvent dans des bassins, posés sur des rinceaux agrémentés de coquillages, de roseaux, de chapelets de perles et de branches de corail. Le mobilier signé Georges Jacob a été réinstallé ainsi qu'une baignoire en cuivre étamé des années 1780, agrémentée d'une paire de robinets sur un modèle de la fin du XVIIIe siècle.

Water-bearers
Every day, wood-fire officers would supply the water tanks located in the entresol above the bathroom. Here, water was

Porteurs d'eau

Chaque jour, les officiers de Fourrière du logis alimentent les cuves qui se trouvent en entresol, au-dessus des bains. L'eau y est chauffée sur un brasier tandis que les vapeurs sont évacuées par des conduits

← Baignoire du cabinet des Bains du Petit Appartement de la Reine.
Bathtub in the bathroom of the Queen's Small Apartment.

↓→ L'escalier des Porteurs d'eau ㉒ permet d'accéder à l'entresol où se trouvait la pièce des cuves du cabinet des Bains de la reine. Seules celles de l'appartement du Dauphin y sont conservées.
The Water-Bearers' Staircase ㉒ offers access to the entresol where the room holding the water tanks of the queen's bathroom was once found. Only the water tanks serving the Apartment of the Dauphin have been conserved on the spot.

vers les toits. Au XVIIIe siècle, l'eau provient des grands réservoirs situés à l'extrémité de l'aile du Nord (à côté de l'opéra) ou des réservoirs d'un château d'eau logé dans les bâtiments du service des eaux (rue Robert-de-Cotte). Les eaux royales usées sont toutes évacuées par des tuyauteries vers les jardins. Si le Petit Appartement de la Reine n'a pas conservé ses cuves, l'escalier des Porteurs d'eau ㉒, derrière la salle des Gardes de l'appartement du Dauphin ❾, existe toujours.

heated by a brazier while vapor was evacuated via pipes leading to the roof. In the 18th century, water was drawn from large reservoirs situated at the extremity of the North Wing (next to the Opera) or from reservoirs in a large water tower housed in the water-service buildings (Rue Robert-de-Cotte). Royal wastewater was evacuated by piping leading to the gardens. Although the water tanks in the Queen's Small Apartment have not been preserved, the Water-Bearers' Staircase ㉒, located behind the Guards' Room of the Apartment of the Dauphin ❾, still stands.

L'APPARTEMENT DES ENFANTS DE FRANCE

Le 4 juin 1789, alors que les états généraux siègent à Versailles, le dauphin Louis-Joseph meurt, à l'âge de huit ans, de la tuberculose, au château de Meudon où il était en convalescence. Le 14 juillet, la prise de la Bastille entraîne le départ de Versailles des courtisans. Inquiet, Louis XVI ordonne le déménagement de l'appartement des Enfants de France de l'aile du Midi pour les rapprocher du cœur du château en utilisant les appartements du Dauphin et de la Dauphine, vacants depuis la mort de son fils aîné. C'est un lieu que Louis XVI avait lui-même occupé avant son avènement, à la suite de ses parents Louis-Ferdinand et Marie-Josèphe de Saxe. Le nouveau dauphin, Louis-Charles (âgé de quatre ans), et Madame Royale (âgée de dix ans et demi) – surnommés « Chou d'amour » et « Mousseline la sérieuse » par leur mère – emménagent donc avec leur nouvelle gouvernante, madame de Tourzel, au plus près de leurs parents.

THE APARTMENT OF THE CHILDREN OF FRANCE

On June 4, 1789, while the Estates General were in session at Versailles, the eight-year-old dauphin Louis-Joseph succumbed to tuberculosis at the Palace of Meudon where he was convalescing. On July 14, the taking of the Bastille prompted courtiers to leave Versailles. Concerned by the events, Louis XVI ordered that the Children of France be removed from the South Wing and brought closer to the heart of the palace, making use of the Apartments of the Dauphin and the Dauphine, left vacant after the death of his elder son. These were premises that Louis XVI himself had occupied before his accession, taking them over from his parents Louis-Ferdinand and Marie-Josèphe de Saxe. The new dauphin, Louis-Charles (aged four), and Madame Royale (aged ten and a half)—nicknamed "Chou d'amour" (dearest love) and "Mousseline la sérieuse" (serious Mousseline) by their

← Portrait en médaillon du deuxième fils de Louis XVI, Louis-Charles de France, à l'âge de 4 ans – vraisemblablement réalisé au printemps 1789, quelques semaines avant que son frère aîné ne décède. Emprisonné dans la tour du Temple, il est reconnu (par les royalistes) sous le nom de Louis XVII. Finalement oublié de tous, il meurt dans son cachot le 8 juin 1795.

Medallion portrait of the second son of Louis XVI, Louis-Charles, at the age of four—probably produced in the spring of 1789, several weeks prior to the death of his elder brother. Imprisoned in the Tour du Temple, he was recognized (by royalists) under the name of Louis XVII. Ultimately, he fell into oblivion and died in his prison cell on June 8, 1795.

↑ L'escalier des cabinets intérieurs de la Reine ⓯ communique avec l'appartement du Dauphin. Dès l'installation de ses enfants au rez-de-chaussée en 1789, il devient un lieu de passage quotidien pour Marie-Antoinette.

The staircase of the queen's inner rooms ⓯ is linked to the Apartment of the Dauphin. After the children moved to the ground floor in 1789, Marie-Antoinette would pass through here every day.

→ Couloir ❽ arrière desservant les appartements du Dauphin et de la Dauphine depuis l'escalier des cabinets intérieurs de la Reine.

Rear corridor ❽ leading to the Apartments of the Dauphin and the Dauphine from the staircase of the queen's inner rooms.

Jeu de chaises musicales

Le 20 décembre 1765, la mort du fils de Louis XV ouvre une longue période de deuil... qui se prolonge avec les décès de la dauphine puis de la reine Marie Leszczynska. L'aile gauche du corps central du château perd ses princes.

En 1769, la plus jeune des filles de Louis XV, Louise, est installée dans l'ancien appartement de son frère. Quelques mois plus tard, son neveu, le nouveau dauphin et futur Louis XVI, prend ses quartiers dans l'appartement voisin de celui où avait logé sa propre mère, la dauphine. En 1770, l'entrée de Louise au Carmel permet d'attribuer les lieux, dans un premier temps, à la nouvelle dauphine Marie-Antoinette, alors que le Grand Appartement de la Reine n'est toujours pas prêt.

↓→ Le cabinet intérieur de la dauphine ❺ (ci-dessous) communique par l'arrière avec la bibliothèque du dauphin ⓮ (ci-contre). Les boiseries rococo peintes dans des couleurs naturelles datent de 1755, époque où les appartements étaient occupés par le dauphin Louis-Ferdinand (fils de Louis XV) et sa femme, Marie-Josèphe de Saxe.

The dauphine's inner room ❺ (below) is connected from the rear with the dauphin's library ⓮ (facing page). The rococo woodwork painted in natural hues dates from 1755, a time when the apartments' occupants were the dauphin Louis-Ferdinand (Louis XV's son) and his wife, Marie-Josèphe de Saxe.

mother—therefore moved with their new governess, Madame de Tournzel, to be closer to their parents.

Musical chairs

On December 20, 1765, the passing of Louis XV's son triggered a long period of grief... that would be prolonged by the death of the dauphine, followed by that of Queen Marie Leszczynska. The left wing of the palace's central body lost its princely occupants.

In 1769, the youngest of Louis XV's daughters, Louise, settled in the apartment that was formerly her brother's. A few months later, her nephew, the new dauphin who was destined become Louis XVI, took up lodgings in the apartment neighboring the one where his own mother, the dauphine, once resided. In 1770, when Louise became a

En mars 1771, lorsqu'elle monte enfin à l'étage, lui succède son beau-frère, le comte de Provence (futur Louis XVIII), rejoint en mai par sa nouvelle femme, Marie-Joséphine de Savoie. À l'avènement de Louis XVI, en 1774, le couple delphinal se répartit les deux appartements mitoyens du rez-de-chaussée. Toutefois, en 1787, Louis XVI déménage les Provence dans l'aile du Midi pour laisser la place à son fils aîné et à son gouverneur, le duc d'Harcourt.

La Maison des Enfants de France

Dès leur naissance, les enfants des souverains sont confiés à la gouvernante. Ils demeurent sous cette tutelle jusqu'à l'âge de sept ans pour les garçons, qui font alors leur « passage aux hommes » pour recevoir une éducation militaire, tandis que les filles restent avec les femmes jusqu'à leur mariage, voire jusqu'à leur vingt-cinquième anniversaire.

La charge de gouvernante des Enfants de France est perpétuelle, transmissible, et assure à sa titulaire

↓→ Les décors et les meubles des chambres du dauphin ⓬ et de la dauphine ❹ n'ont pu être reconstitués. La première (ci-dessous) conserve le mobilier « des couches » de Marie-Antoinette livré pour la nouvelle chambre à coucher de son Petit Appartement ⓴ en 1785. Le lit est celui de la marquise de Créquy célèbre pour ses *Souvenirs* sur la cour de Louis XV.

It was not possible to reconstitute the decor and furniture of the chambers of the Dauphin ⓬ and the Dauphine ❹. The first (below) holds Marie-Antoinette's birthing furniture, created for the new childbearing chamber of her Small Apartment ⓴ in 1785. The bed is that of the Marquise of Créquy, famous for her Souvenirs *on the court of Louis XV.*

Carmelite nun, her quarters were assigned to the new dauphine Marie-Antoinette as the Queen's Grand Apartment was not yet ready. In March 1771, when the latter finally moved upstairs, she was replaced by her brother-in-law, the Count of Provence (the future Louis XVIII), joined in May by his new wife, Marie-Joséphine of Savoy. Upon Louis XVI's accession to the throne in 1774, the couple took up the two adjoining apartments on the ground floor. However, in 1787, Louis XVI moved the Count of Provence and his spouse to the

South Wing to make space for his elder son along with his tutor, the Duke of Harcourt.

The Household of the Children of France
As soon as royal children were born, they were entrusted to a nanny. They remained in her charge until age seven, in the case of boys who were then handed over to men to embark on their military education, whereas girls continued to be looked after by women until they married, or even until their twenty-fifth birthday. The post of governess to the Children of France was a

d'importants appointements et de très nombreux privilèges. La gouvernante a le pas sur toutes les dames de la cour, peut monter dans le carrosse royal, s'avancer en chaise à porteurs jusqu'à la chambre du Grand Appartement de la Reine et même chez le roi quand elle porte ses enfants. Elle reste toutefois principalement en charge du dauphin, dormant avec lui la nuit. Cette contrainte est épargnée à la duchesse de Polignac, gratifiée d'une porte vitrée qui l'isole de la chambre royale. L'éducation des autres enfants royaux n'est pas de son ressort mais de celui de deux sous-gouvernantes. La Maison des Enfants de France compte un personnel très important : des remueuses, chargées des soins jusqu'à trois ans, des nourrices, des médecins, des chirurgiens, un argentier et un secrétaire ; puis, bien entendu, deux premières femmes de chambre qui en dirigent huit à dix autres ordinaires, deux valets, une blanchisseuse, un

lifelong appointment, transmissible to one's heirs, attached to a significant salary and many privileges. The governess was ranked above all other ladies of the court; she had the right to board the royal carriage, to be carried by sedan chair to the chamber of the Queen's Grand Apartment, and even to the king's quarters when she was transporting his children. She was primarily in charge of the dauphin and slept in the same room as him at night. The Duchess of Polignac was spared this restriction and granted a glass door to seal herself off from the royal chamber. It was not her responsibility to educate the other royal children, but that of two under-governesses. The Household of the Children of France relied on a large contingent of staff: wet-nurse assistants required until an infant turned three, wet nurses, physicians, surgeons, a financier and a secretary; then, of course, there were two First Femmes de Chambre who managed eight to ten *femmes de chambre*-in-ordinary, two valets, a launderer, a hairdresser, a barber, instructors for writing, drawing, music, dancing, physics, mathematics or harpsichord... dozens of lucrative posts to ensure that children were pampered, but that still failed to prevent infant mortality from touching the French court. When the dauphin died in 1789, Queen Marie-Antoinette made a scathing assessment of the institutional machinery: "If my son had been born into a private family, he would be in good health."

coiffeur, un barbier, des maîtres à écrire, à dessiner, de musique, à danser, de physique, de mathématiques ou de clavecin... des dizaines de charges très lucratives qui font que les enfants sont toujours très entourés ; cependant, cela n'empêche pas la mortalité infantile à la cour de France. À la mort du dauphin en 1789, la reine Marie-Antoinette juge sévèrement l'institution : « Si mon fils était celui d'un particulier, il se porterait bien. »

←↓ Enfilade des cabinets du dauphin vers sa garde-robe ⓰ (à l'arrière de sa chambre) et son cabinet de la chaise ⓲.
The dauphin's enfilade of rooms, towards the wardrobe ⓰ (behind his chamber) and his commode room ⓲.

↖ Cabinet des Bains du dauphin ⓱, alimenté à l'entresol par des cuves logées dans un réduit du passage du Roi (cf. p. 75).
The dauphin's bathroom ⓱, supplied from the entresol by water tanks housed in a recess in the King's Passage (cf. p. 75).

↑← Arrière-cabinets de la dauphine ❼, conservés en l'état suite aux aménagements opérés par Louis XVIII ; ancien cabinet de la Méridienne de la comtesse de Provence ❻ (ci-contre) qui logea dans l'appartement de la Dauphine de 1774 à 1787.
The dauphine's rear rooms ❼, kept as they were following renovations undertaken by Louis XVIII, and the former Meridian Room of the Countess of Provence ❻ (facing) who stayed in the Apartment of the Dauphine from 1774 to 1787.

L'étage des cabinets intérieurs de la Reine

The queen's upstairs inner rooms

Marie-Antoinette dispose, à l'étage de ses cabinets intérieurs, d'une suite de pièces où elle peut recevoir plus intimement sa société et se tenir en retrait de la vie de cour. Dans ses écrits, le baron de Besenval se souvient de la simplicité des lieux, bonbonnière pourtant richement meublée : « Je fus étonné, non pas que la reine eût désiré tant de facilités, mais qu'elle eût osé se les procurer. »

On the upstairs level of her inner rooms, Marie-Antoinette had access to a suite of rooms where she could receive guests more intimately and take leave from life at court. In his writings, the Baron of Besenval recalls the simplicity of this part of the palace even though it was in fact richly furnished: "I was astonished, not so much that the queen would desire so many amenities, but that she would dare to obtain them."

←↑ Salle à manger à l'étage des cabinets intérieurs de la Reine (87), utilisée essentiellement pour son repas de midi. La pièce conserve dans deux buffets le service doré en porcelaine de Sèvres livré en août 1784.

Dining room on the upstairs level of the queen's inner rooms (87), primarily used for her midday meals. The room stores, in two buffets, the Sèvres gilded-porcelain service delivered in August 1784.

SOCIAL MEALS

The dining room of the inner rooms (87) inaugurated the "social meals" hosted by the queen at midday. In the evening, she usually dined with the king or her courtier friends. Marie-Antoinette abandoned the traditional *petit couvert* whereby she dined alone in her chamber (57), and adopted the right to select her dinner companions. Her chosen guests were ushered in via the staircase in the first vestibule of the inner rooms (59) (destroyed in the 19th century when the Fleury Staircase was restructured). Service was carried out by officers from the queen's Bouche department who waited for guests on the *bel étage* while dishes were carried upstairs by valets. After lunch, the lunching ladies would move into the small adjoining room where tea and coffee were served. In this boudoir (88), they

LES REPAS DE SOCIÉTÉ

La salle à manger des cabinets intérieurs (87) inaugure les « repas de société » où la reine reçoit à midi. Le soir, elle dîne le plus souvent chez le roi ou ses amies de la cour. Marie-Antoinette abandonne le traditionnel petit couvert dans sa chambre (57) en se réservant le droit de choisir la compagnie qu'elle souhaite convier à sa table. Les élus sont introduits par l'escalier du premier vestibule des cabinets intérieurs (59) (détruit au XIXe siècle par le remaniement de l'escalier de Fleury). Le service est assuré par les officiers de la Bouche de la reine qui font antichambre à l'étage noble tandis que les valets de chambre s'occupent de monter les plats par l'escalier. Après le déjeuner, les dames passent dans la petite pièce suivante où l'on dresse le thé ou le café. Dans ce boudoir (88), elles prolongent leurs causeries jusqu'à une heure avancée de l'après-midi.

UN AIR DE CAMPAGNE

Les murs de l'étage des cabinets intérieurs de la Reine sont tendus d'une toile imprimée de fleurs, assez fidèle à la commande effectuée à la manufacture de Jouy dans les années 1780. Marie-Antoinette introduit à Versailles la toile en coton pour les petites pièces où elle n'a pas d'obligation de représentation. Si le caractère de simplicité bucolique de ces motifs floraux reflète son goût, le choix est aussi économique, la cassette de la reine étant moins dotée que celle du roi. Et Marie-Antoinette dépense la plupart de ses fonds en robes ou pour l'aménagement paysager de sa campagne de Trianon.

↑ Le boudoir 83 est dédié à l'intimité des causeries féminines. Il fait partie de ces charmantes pièces encombrées de meubles et de bibelots que Marie-Antoinette aime collectionner.

The boudoir 83—devoted to intimate female conversation—was one of the charming rooms crammed with furniture and trinkets that Marie-Antoinette loved collecting.

could continue conversing far into the afternoon.

Country air

The walls on the upstairs level of the queen's inner rooms are hung with a flower-print fabric that bears great resemblance to the order passed at the Manufacture de Jouy in the 1780s. Marie-Antoinette introduced cotton hangings into the small rooms in Versailles where she did not receive publicly. While the simple bucolic nature of these floral motifs is a reflection of her taste, economy was also a factor guiding her choice, for her privy purse was not as amply filled as the king's. Not to mention the fact that

LA SUITE DES SERVICES DE LA CHAMBRE

Certains espaces de l'étage des cabinets intérieurs de la Reine sont affectés au service journalier des dames de la Chambre. Il ne s'agit pas de logements de fonction mais de lieux de repos où elles attendent les ordres de la reine ; un couloir de service (89) distribue les trois principaux : la pièce de jour de la première femme de chambre (90), celle des femmes de chambre ordinaires (91), et celle de la femme de la garde-robe des atours (92), subalterne de la dame d'atours, la comtesse d'Ossun. Cette dernière pièce ouvre sur la salle des Buffets (93), annexe facilitant le service de la salle à manger attenante mais aussi pièce commune des dames de la Chambre.

↓ Couloir des pièces du service journalier des dames de la Chambre (89), à l'arrière de la salle à manger de la reine et de son boudoir. C'est ici que les femmes de chambre et la femme de la garde-robe des atours, prêtes à répondre aux ordres de leur maîtresse, passent la plus grande partie de leurs journées.

Corridor (89) leading to the rooms for the chamber attendants on duty, behind the queen's dining room and her boudoir. This is where the femmes de chambre *and the wardrobe assistant, ready to obey their mistress' orders, spent the bulk of their days.*

Marie-Antoinette spent most of her funds on dresses or on landscaping the grounds of Trianon.

THE CHAMBER'S SERVICE SUITE

Certain spaces on the upstairs floor of the queen's inner rooms were allocated to attendants from the Chamber department on duty. Rather than official dwellings, they were resting places where they awaited the queen's orders. A service corridor (89) leads to the three main spaces: a day room for the First Femme de Chambre (90), another for *femmes de chambre*-in-ordinary (91), and

↑ Pièce de jour des femmes de chambre ordinaires (91).

Day room of the femmes de chambre-*in-ordinary* (91).

→ Salle des Buffets (93), annexe facilitant le service de la salle à manger attenante mais aussi pièce commune des dames de la Chambre. Les buffets conservent un ensemble de biscuits et d'éléments de table (assiettes, tasses, théières, sucriers, pots, cuvette, seaux...) en porcelaine de la manufacture de Sèvres.

The Buffet Room (93)*, an annex facilitating service in the adjoining dining room but also a common room for chamber attendants. The buffets hold a set of biscuits and table elements such as plates, cups, teapots, sugar bowls and buckets in porcelain from the Manufacture de Sèvres.*

→ Pièce de jour de la femme de la garde-robe des atours ❾❷.
Day room of the wardrobe assistant ❾❷.

↑ Dans la partie de l'étage consacrée au service, la pièce de jour de la première femme de chambre de la reine ⓽⓪ conserve la réplique du fameux joyau qui coûta la réputation de la souveraine (réalisée en 1963 par le joaillier Burma). La première femme de chambre est en effet chargée de garder la cassette et les bijoux de sa maîtresse.

In the section of the floor dedicated to service, the day room of the queen's First Femme de Chambre ⓽⓪ conserves the replica of the famous jewelry piece that cost the queen her reputation (produced in 1963 by the jeweler Burma). Indeed, it fell upon the First Femme de Chambre to look after her mistress' privy purse and jewelry.

yet another for the wardrobe assistant ⓽⓶, the subordinate of the *dame d'atours*, the Countess of Ossun. This last room led to the Buffet Room ⓽⓷, an annex that facilitated service in the adjoining dining room, but also used as a common room for chamber attendants.

L'affaire du collier

Le scandale éclate le 15 août 1785, quelques minutes avant la messe de l'Assomption. Louis XVI fait arrêter dans la galerie des Glaces, devant les courtisans médusés, le cardinal de Rohan, grand aumônier du roi et ambassadeur, afin de le traduire devant la justice pour faux… L'affaire, qui va emporter la réputation de tous ses protagonistes, remonte à une entrevue dans le bosquet de Vénus (actuel bosquet de la Reine) un soir de l'été 1784. Le cardinal, qui aspire à regagner la faveur de Marie-Antoinette, se laisse convaincre par une de ses prétendues amies, la comtesse de La Motte-Valois, de financer l'achat secret d'une parure inestimable, créée par les joailliers Bassenge et Boehmer quelques années auparavant pour madame Du Barry. Bien entendu, la première échéance ne parvient jamais aux joailliers, eux-mêmes trompés. Quand ils s'en inquiètent auprès de madame Campan, femme de chambre de la reine, Marie-Antoinette ne peut que crier à la tromperie. L'affaire révèle une

The affair of the necklace

The scandal broke out on August 15, 1785, a few minutes before mass on Assumption Day. Upon the orders of Louis XVI, the Cardinal of Rohan, the king's Grand Chaplain and ambassador, was arrested in the Hall of Mirrors, to the astonishment of watching courtiers, on the grounds of fraud… The case, which would destroy the reputations of all of its protagonists, dated back to a conversation in the Grove of Venus (now the Queen's Grove) one summer evening in 1784. Aspiring to regain the favor of Marie-Antoinette, the cardinal allowed himself to be persuaded by one of her

→ Estampes de Jean-Baptiste Letourmy datées de 1785, présentant les portraits des protagonistes de l'affaire du collier de la reine.

Engravings by Jean-Baptiste Letourmy dating from 1785, showing portraits of the protagonists in the affair of the queen's necklace.

so-called friends, the Countess of La Motte-Valois, to finance the secret purchase of a valuable set of jewelry, created several years previously for Madame Du Barry. Naturally, the first installment never reached the hands of the jewelers, also taken in by the ruse. When the latter expressed their concern to Madame Campan, the queen's *femme de chambre*, Marie-Antoinette cried trickery. The affair uncovered an enormous swindling scam involving a massive number of accomplices who hastened to make precious stones vanish. Once the self-professed Countess of La Motte-Valois was arrested, she was sentenced to lifelong imprisonment. The cardinal, however, was acquitted—an outcome that placed the queen in a poor light, gave fodder to her critics, and discredited the court. Goethe opined, in 1790, that this incident was "the immediate preface to the Revolution." It was not until the end of the 19th century that the cardinal's heirs freed themselves from their ancestor's debt to the jewelers.

BILLIARD ROOM

Marie-Antoinette enjoyed the traditionally masculine game of billiards and helped promote its widespread practice. Etiquette, however, did not smile upon the Queen

immense escroquerie engageant de très nombreux complices, qui s'empressèrent de faire disparaître les pierres précieuses. Arrêtée, la prétendue comtesse de La Motte-Valois est condamnée à la prison à perpétuité. La relaxe du cardinal est en revanche un véritable camouflet pour la reine. L'affaire conforte ses détracteurs et jette le discrédit sur la cour. Goethe juge, en 1790, que c'est là « la préface immédiate de la Révolution ». Les héritiers du cardinal ne se libèreront de leur dette vis-à-vis des joailliers qu'à la fin du XIXe siècle !

LE CABINET DU BILLARD

Marie-Antoinette aime le jeu traditionnellement masculin du billard et en consacre partout la pratique. L'étiquette ne peut cependant permettre l'installation d'un billard dans le Grand Appartement d'une reine de France ! Dès l'été 1776, elle se fait donc aménager discrètement son propre cabinet du Billard 94 à l'étage de ses cabinets intérieurs. Le petit escalier

↑ Escalier des cabinets intérieurs de la Reine donnant accès au cabinet du Billard 94, d'où son surnom d'« escalier du Billard ».
Staircase of the queen's inner rooms leading to the Billiard Room 94, hence its nickname, the "Billiard Staircase."

↑ Cabinet du Billard ou salon de compagnie à l'étage des cabinets intérieurs de la Reine.

Billard or Drawing Room on the upstairs level of the queen's inner rooms.

of France introducing a billiard table into her Grand Apartment! As of the summer of 1776, she therefore discreetly set up her personal Billiard Room 94 on the upstairs level of her inner rooms. The so-called Billiard Staircase led up to the back of the room where she could stop by at any time to challenge a few intrepid courtiers.
The room's silks, on the other hand, are extremely feminine: brocaded arabesques, flowers and medallions on a white satin background (restored after models), creating an atmosphere more redolent of a salon. Not surprisingly really, for this was what the queen converted the room into, in 1784, as an extension to her dining room (the billiard table was transferred to the Petit Trianon). The brocade was recuperated from the queen's inner Grand Cabinet 61 downstairs, which it had adorned since 1779 (cf. p. 44).

qui en conserve la dénomination dessert les arrières de la pièce où elle peut monter à tout moment pour défier quelques courtisans intrépides.
Les soieries du cabinet sont toutefois très féminines : un broché d'arabesques, de fleurs et de médaillons sur fond de satin blanc (restitué d'après modèle). L'ambiance évoque plus un salon… ce qui n'a rien d'étonnant puisque c'est à cet usage que la reine convertit le lieu en 1784, en prolongement de sa salle à manger (le billard est transféré au Petit Trianon). À cette fin, elle récupère le broché qui habillait depuis 1779 son Grand Cabinet intérieur 61 à l'étage du dessous (cf. p. 44).

LE LOGEMENT SECRET DES COMBLES

Le 30 janvier 1774, un gentilhomme suédois rencontre une élégante masquée à un bal donné à l'Opéra de Paris… Axel de Fersen est loin de se douter qu'il s'agit de la dauphine Marie-Antoinette. Tous deux ont dix-neuf ans. Ils se revoient pour la première fois à Versailles en août 1778, entamant une longue amitié, souvent qualifiée d'amoureuse si l'on considère le

→ Portrait d'Axel de Fersen, estampe du XVIIIe siècle.
Portrait of Axel de Fersen, eighteenth-century engraving.

volume et la ferveur de leur correspondance. Mais les lettres ont été brûlées ou raturées, et il n'en reste qu'un passage non censuré : « Adieu le plus aimé et le plus aimant des hommes. »
Fersen rêve d'aventure et de gloire. En mars 1780, il s'engage sous les ordres du comte de Rochambeau dans la guerre d'indépendance des États-Unis. Il revient pourtant plusieurs fois à Versailles. On l'y voit en juin 1783, en juin 1784, en juin 1787 et enfin en juin 1789 où il assiste impuissant au début de la Révolution. Marie-Antoinette l'a-t-elle logé dans les deux pièces en enfilade des valets de chambre (95) à l'étage de ses cabinets intérieurs, comme l'affirme le baron de Besenval ? La rumeur se répand. Qu'importe le scandale au moment où les existences basculent. Toutes

THE SECRET DWELLING UNDER THE EAVES

On January 30, 1774, a Swedish gentleman made the acquaintance of an elegant masked lady at the Paris Opera... Little did Axel de Fersen suspect that he had come across no other than the dauphine Marie-Antoinette. Both were nineteen years old at the time, and would meet again in Versailles in August 1778, embarking on a long friendship often described as romantic, given the volume

↓ Pièces des valets de chambre de la reine (95), qui auraient été occupées par Axel de Fersen.
Rooms of the queen's valets (95), allegedly occupied by Axel de Fersen.

→ L'escalier en colimaçon du fond permet de descendre directement à l'étage noble. Son palier est dissimulé par les portes du corridor des arrière-cabinets de la chambre du Grand Appartement de la Reine 66.
The spiral staircase at the back leads directly to the bel étage, *with its landing concealed by doors in the corridor of the rear rooms attached to the chamber in the Queen's Grand Apartment* 66.

and fervor of their correspondence. But the letters were burned or the writing crossed out, leaving only one uncensored passage: "Adieu to the most loved and most loving of men."
Fersen dreamed of adventure and glory. In March 1780, he signed up, under the orders of the Count of Rochambeau, to fight in the American War of Independence. He nonetheless returned to Versailles several times, in June 1783, June 1784, June 1787, and finally June 1789 when he was a powerless witness to the start of the Revolution. Did Marie-Antoinette house him in the enfilade of two rooms for valets 95 on the upstairs level of her inner rooms, as claimed by the Baron of Besenval? The rumor spread. But who cared about scandal at a time when life was being tipped upside down? All of Fersen's attempts to save the queen were curbed. Following the execution of Marie-Antoinette on October 16, 1793, the count returned to Sweden where he in turn met with a tragic end. Ensnared in a dynastic power struggle, he was stoned and trampled to death on June 20, 1810 by a furious crowd accusing him of poisoning the heir to the throne.

les tentatives de Fersen pour sauver la reine tournent court. Après l'exécution de Marie-Antoinette, le 16 octobre 1793, le comte rentre en Suède où il connaîtra à son tour une fin tragique. Pris au piège d'une lutte de pouvoir dynastique, il est lapidé et piétiné, le 20 juin 1810, par une foule furieuse l'accusant d'avoir empoisonné l'héritier du trône.

Les privances estivales du Petit Trianon

Private summer gatherings at the Petit Trianon

Marie-Antoinette est peu sortie du triangle formé par les châteaux de Versailles, de Fontainebleau et de Compiègne. À ce triptyque, il faut ajouter le château de Rambouillet que Louis XVI achète en 1783 au grand veneur de France, le duc de Penthièvre (son cousin et beau-père de la princesse de Lamballe) ; le domaine de Marly où la famille royale séjourne durant la période estivale, et le château de Saint-Cloud acquis auprès du duc d'Orléans en 1784 pour la reine, persuadée d'y trouver un air plus sain pour ses enfants. Que de résidences ! Ces achats sont liés aux projets d'achèvement du « grand dessein » de Versailles envisagé sous le règne de Louis XV, et de reconstruction du vieux château de brique de Louis XIII sur la cour de Marbre – qui allait imposer à la cour une longue errance.

Le domaine favori de Marie-Antoinette demeure toutefois le Petit Trianon, si commode et si proche du grand château. Louis XVI lui a offert à son avènement en lui remettant la clef sertie de cinq cent trente et un diamants : « Vous aimez les fleurs, Madame, j'ai un bouquet à vous offrir. » La reine n'a de cesse d'embellir les jardins de son domaine, introduisant dans un Versailles figé dans ses symétries la mode de l'irrégularité et du pittoresque venue d'Angleterre... quitte à sacrifier les collections botaniques de Louis XV. Frôlant le ridicule, elle n'hésite pas à faire construire (à partir de 1783) un hameau normand avec ses chaumières lézardées et sa ferme. Ces travaux finissent par

Marie-Antoinette rarely exited the triangle formed by the Palaces of Versailles, Fontainebleau and Compiègne. In addition to this triptych, a few other residences deserve a mention: the Palace of Rambouillet, purchased in 1783 by Louis XVI from the Grand Huntsman of France, the Duke of Penthièvre (his cousin and father-in-law of the Princess of Lamballe); the Marly Estate where the royal family sojourned in summer; and the Palace of Saint-Cloud, acquired from the Duke of Orleans in 1784 for the queen who was convinced that its air would be healthier for her children. Residences galore! These purchases were inspired by plans to accomplish the "grand design" of Versailles envisaged by Louis XV, and also to reconstruct Louis XIII's old brick palace overlooking the Marble Courtyard—works expected to send the court into a long period of

→ Château du Petit Trianon.
The Petit Trianon.

↑ Gorgone du grand escalier du château du Petit Trianon sculptée par Honoré Guibert (1765). Cette créature mythologique à la chevelure de serpents a la vertu de détourner vers autrui les influences maléfiques.

Gorgon on the grand staircase of the Petit Trianon, sculpted by Honoré Guibert (1765). This mythological creature with snakes for hair had the gift of deflecting evil influences.

faire oublier l'origine d'un château que Louis XV avait consacré à ses favorites, retraite rêvée de madame de Pompadour et finalement résidence de campagne de madame Du Barry.
Marie-Antoinette vit au Petit Trianon en châtelaine, invitant à sa guise comme au temps des « retraites de Marly », lorsque Louis XIV se coupait de la vie de cour avec ses intimes. Lieu de fête et d'oisiveté, le Petit Trianon devient un espace privé, sans étiquette, très couru des favoris. La reine y dormit toutefois peu : à peine cent seize nuits au long des dix dernières années de son règne.

L'APPARTEMENT INTÉRIEUR DE LA REINE

L'étage noble que dessert le grand escalier abrite trois pièces de réception en enfilade : une antichambre qui mène à une belle salle à manger, laquelle ouvre sur le vaste perron du jardin et se prolonge par une salle de billard (installée en 1784). La pièce attenante en retour est un salon de compagnie. Marie-Antoinette lui adjoint un boudoir dans l'ancienne pièce où Louis XV prenait son café. Commence ici le domaine privé de la reine, ancien domaine privé de madame

vagabondage.
Marie-Antoinette's favorite estate nonetheless remained the Petit Trianon, so conveniently close to the large palace. The residence was a gift from Louis XVI when she became queen; as he presented her the key set with 531 diamonds, he declared: "You love flowers, Madame, I have a bouquet to give you." The queen constantly embellished the gardens of her estate, transforming the rigid symmetry of Versailles by introducing the fashion for picturesque irregularity imported from England… to the point of sacrificing Louis XV's botanical collections. Her additions bordered on the ridiculous when she ordered the construction (from 1783 onwards) of a Norman hamlet with thatched-roofed cottages and a farm. Ultimately, these works buried the estate's origins as a place where Louis XV kept his mistresses: it was once a dream hiding spot for Madame de Pompadour before becoming Madame Du Barry's country residence.
Marie-Antoinette lived as the

lady of the manor at the Petit Trianon, inviting whomever she wished in the way that Louis XIV would cut himself off from court by retreating to the Marly Estate with close friends. A place for festivities and leisure, the Petit Trianon became a private space released from etiquette, immensely popular with the queen's intimates. The queen, however, did not sleep there frequently: barely one hundred and sixteen nights throughout the ten years of her reign.

THE QUEEN'S INTERIOR APARTMENTS

The *bel étage*, accessed by the grand staircase, held an enfilade of three reception rooms: an antechamber leading to a sumptuous dining room that opened out onto a vast set of steps to the garden, and was also extended by a billiard room (set up in 1784). The adjoining room set at a right angle was a drawing room, to which Marie-Antoinette added a boudoir, converted from the room where Louis XV used to drink his coffee. Here began the queen's private quarters, in what had once been Madame Du Barry's private quarters. The interior apartments are simple and practical, composed of a chamber and rooms for dressing and bathing. The low ceilings conceal an intermediary floor where the queen housed a small team of attendants, while the attic held small apartments for guests.

The Cabinet of Movable Mirrors

In her boudoir, Marie-Antoinette liked surprising her

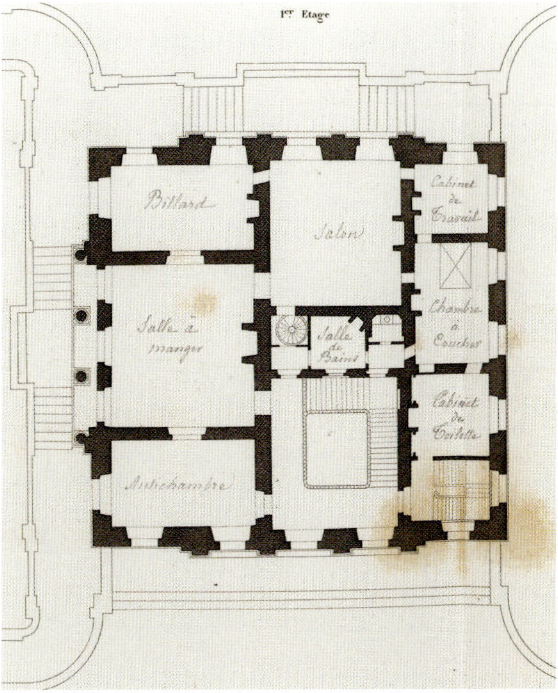

↑ Plan de l'étage noble du château du Petit Trianon relevé en 1837 lors de l'installation du fils aîné de Louis-Philippe Ier et de sa femme, la princesse de Mecklembourg-Schwerin, duchesse d'Orléans. Les pièces conservent le même usage, hormis le boudoir de Marie-Antoinette devenu un cabinet de travail.

Plan of the bel étage *of the Petit Trianon, drawn up in 1837 when the elder son of Louis-Philippe I and his wife, the Princess of Mecklembourg-Schwerin, the Duchess of Orleans, moved in. The rooms would keep the same usage apart from Marie-Antoinette's boudoir that became a work room.*

Du Barry. L'appartement intérieur est simple et fonctionnel, composé d'une chambre, de cabinets pour la toilette et le bain. Les plafonds bas dissimulent un étage intermédiaire où la reine loge le service réduit de ses dames, tandis que l'attique distribue des petits appartements pour les invités.

LE CABINET DES GLACES MOUVANTES

Dans son boudoir, Marie-Antoinette aime surprendre ses invités. Peut-être moins par la vivacité de la conversation que par l'artifice : en 1776, elle a ainsi l'idée d'établir des miroirs amovibles devant les fenêtres.

guests—perhaps less by the vivacity of her conversation than by artifice. In 1776, she came up with the idea of installing movable mirrors in front of the windows. The mechanism was operated from the ground floor, and allowed *tableaux vivants* to dance over the view of the English garden. The queen innovated even further by installing large panes in the windows in place of oppressive wooden casements. The room's paneling featuring magnificent rose branches and white arabesques on a blue-gray background dates from later, having been created by the Frères Rousseau in 1787.

A summer chamber
"Everything, without exception, was kept, and the queen slept on a very used bed that had even been used by the Countess Du Barry," wrote Madame Campan in her *Mémoires*. When she moved in, Marie-Antoinette had to content herself with recovering the old furniture with new silks, a step deemed adequate for blanking out the memory of a woman she had

L'ouverture des panneaux mobiles est commandée au rez-de-chaussée et permet de créer des tableaux vivants sur le jardin anglais. Pour parfaire l'installation, la reine innove en substituant aux croisées de bois oppressantes de grands carreaux à ses fenêtres. Les magnifiques rinceaux de roses et d'arabesques blancs, sur des lambris gris-bleu, sont toutefois un peu plus tardifs, œuvres des frères Rousseau en 1787.

↓ Boudoir de l'appartement intérieur de la Reine au Petit Trianon.
Boudoir of the queen's interior apartments at the Petit Trianon.

→ Mécanique reconstituée des glaces mouvantes du boudoir au rez-de-chaussée du château du Petit Trianon, créée en 1776 par Jean-Tobie Mercklein, ingénieur des Menus-Plaisirs.
The boudoir's movable-mirror reconstructed mechanism on the ground floor of the Petit Trianon, created in 1776 by Jean-Tobie Mercklein, Menus-Plaisirs engineer.

← Entrée sur le boudoir depuis le salon de compagnie de l'étage noble du Petit Trianon.
Entrance to the boudoir from the drawing room on the Petit Trianon's bel étage.

Une chambre d'été

« Tout fut conservé sans exception et la reine couchait dans un lit très fané et qui avait même servi à la comtesse Du Barry », écrit madame Campan dans ses *Mémoires*. Lors de son installation, Marie-Antoinette se contente de remplacer les étoffes du mobilier par un nouveau pékin, jugé suffisant pour oublier une femme qu'elle avait méprisée. Toutefois, l'intérêt premier du Petit Trianon aux yeux de la reine est son jardin. Pourquoi s'enfermer ici comme l'étiquette le lui impose à la cour ? La tardive commande – 1787 – d'un nouveau mobilier à Georges Jacob est à ce titre révélatrice. Cet ensemble où règnent en maîtres les fleurs des champs, les épis de blé, les branches de lierre, les pommes de pin et les brins de muguet s'accorde d'ailleurs parfaitement à un désir de campagne et d'extériorité. L'étoffe des assises est brodée de roses et de bleuets, les fleurs préférées de Marie-Antoinette.

despised. In any case, as far as the queen was concerned, the major draw of the Petit Trianon was its garden. Why pent herself up inside in the way that etiquette forced her to at the Palace of Versailles? An order of new furniture, in 1787, from Georges Jacob is highly revealing in this respect: the ensemble dominated by wildflowers, ears of wheat, ivy, acorns and lilies of the valley underlines her fondness for the countryside and the outdoors. The fabric covering the seats is embroidered with roses and cornflowers, Marie-Antoinette's favorite flowers.

← Chambre de l'appartement intérieur de la Reine au château du Petit Trianon, avec son mobilier livré par Georges Jacob en 1787. Le lit original vendu en 1793 n'a pu retrouver sa place.

Chamber in the queen's interior apartments at the Petit Trianon, with the furniture delivered by Georges Jacob in 1787. The original bed was sold in 1793.

↓ Cabinet des Bains de l'appartement intérieur de la Reine. Il est situé dans le petit passage permettant à Marie-Antoinette de regagner directement sa chambre depuis le palier du premier étage du grand escalier.

Bathroom of the queen's interior apartments. Its location in the small passage enabled Marie-Antoinette to access her chamber directly from the second-floor landing of the grand staircase.

LES CHAMBRES DE SES HÔTES

Sur le palier de l'étage noble du grand escalier, une double porte ouvre sur l'escalier des Seigneurs, l'escalier interne qui dessert les deux autres étages.
Le premier est un niveau intermédiaire entresolé entre l'appartement intérieur de la Reine et l'attique. Ses fenêtres ouvrent sur l'admirable jardin anglais. C'est l'étage du service de l'intendance du Petit Trianon, destiné au logement de la garde rapprochée chargée d'organiser le quotidien des séjours à la campagne. On y trouve la chambre de la première femme de chambre de la reine (mesdames Thibaut, puis de Misery, à laquelle madame Campan succède en 1786) et celle de sa dame d'honneur (la princesse de Chimay), ainsi que leur cabinet de toilette. Comme à la cour, la dame d'honneur gère le secrétariat administratif de la souveraine. Elle possède un bureau dans l'arrière-cabinet de sa chambre, que

THE GUEST ROOMS

On the *bel étage* landing of the grand staircase, a double door opens onto the Staircase of the Lords, an internal staircase providing access to two other floors. The first of these floors is an entresol between the queen's interior apartments and the attic. This intermediary floor with windows looking out onto the delightful English garden was a service floor for housing the inner circle of staff in charge of organizing the everyday details of country stays at the Petit Trianon. It is here that can be found the chamber of the queen's First Femme de Chambre (Madame Thibaut, then Madame Misery, replaced by Madame Campan in 1786) and that of her *dame d'honneur* (the Princess of Chimay), as well as their dressing room. As at court, the *dame d'honneur* took care of secretarial duties for the queen. She had an office in the rear room of her chamber, transformed into a library by the installation of large wall cabinets in 1780. The library's catalogue was constituted by Nicolas-Léger Moutard, printer-bookseller, under the supervision of the queen's librarian, Monsieur Campan, two men who visited the Petit Trianon only rarely. Marie-Antoinette herself never spent time in this workroom, for her books were carried to her in her chamber or her boudoir, according to her wishes.
In the attic, Marie-Antoinette kept the four Apartments of the Lords that were made available to the guests of Louis XV, as well as the king's

←→ Escalier distribuant l'entresol et l'attique du château du Petit Trianon.
Entrance of an internal staircase leading to the entresol and attic of the Petit Trianon.

↓ Chambre de la première femme de chambre de la reine, située à l'entresol.
Chamber of the queen's First Femme de Chambre, on the entresol level.

↖↑ Chambre de la dame d'honneur de la reine et cabinet de toilette, à l'entresol du château.

Chamber of the queen's dame d'honneur *and dressing room, on the entresol level.*

← Bibliothèque à l'arrière de la chambre de la dame d'honneur. Cette pièce sert de bureau pour l'intendance du domaine du Petit Trianon.

Library to the rear of the dame d'honneur*'s chamber. This room was used as an office for managing logistics at the Petit Trianon.*

↓ Vue sur l'escalier du Petit Trianon depuis le corridor de service pour les dames de la reine.
View of the Staircase in the Petit Trianon from a entresol service corridor for the queen's attendants.

↑ Couloir de distribution de l'entresol du château du Petit Trianon, desservant les chambres de la première femme de chambre de la reine et de la dame d'honneur.

Corridor on the entresol of the Petit Trianon, leading to the chambers of the First Femme de Chambre and the dame d'honneur.

interior apartments, fairly similar to her interior apartments on the *bel étage* originally occupied by Madame Du Barry.
In the absence of archives, it is extremely difficult to draw up an exact list of former guests. Under Marie-Antoinette, regular visitors comprised members of the royal family. Works undertaken in 2008 enabled the king's interior apartments to be restored, as well as the three rooms of the apartment of the Duchess of Orleans, established in the palace in 1837. This restoration was also an occasion to devote two salons to the memory of

l'installation de grandes armoires murales en 1780 transforme en bibliothèque. Le catalogue est formé par Nicolas-Léger Moutard, imprimeur-libraire, sous la supervision du bibliothécaire de la reine, monsieur Campan, deux hommes qui ne viennent que rarement au Petit Trianon. Marie-Antoinette ne fréquente elle-même jamais cette pièce de travail, les livres lui étant apportés selon ses désirs dans sa chambre ou son boudoir.
Dans l'attique, Marie-Antoinette conserve les quatre appartements des Seigneurs qui étaient à la disposition des hôtes de Louis XV, ainsi que l'appartement

↓→ Antichambre de l'appartement intérieur du Roi à l'attique du Petit Trianon et sa chambre restituée en 1985. Elle présente des tentures murales en lampas blanc à fond rouge et un lit à la polonaise d'environ 1775, remplaçant le lit à la turque livré pour Louis XV.

Antechamber in the king's interior apartments in the Petit Trianon's attic and its chamber restored in 1985. The latter features wall coverings in white-on-crimson lampas and a four-poster bed dating from circa 1775, replacing the lit à la turque *(scroll-ended bed) delivered for Louis XV.*

↑ Couloir de distribution des logements de l'attique du Petit Trianon qui abrite l'appartement intérieur du Roi et les appartements des Seigneurs. Sous le règne de Louis XV, toutes les personnes importantes de la suite du roi y séjournent. Marie-Antoinette y mène une vie plus intime et familiale, comme dans un petit château de province.

Corridor in the Petit Trianon's attic leading to the king's interior apartments and the Apartments of the Lords. Under the reign of Louis XV, all the bigwigs among the king's followers were invited to stay. Marie-Antoinette steered the quarters toward more intimate, family-oriented uses, as in a small provincial castle.

intérieur du Roi, assez comparable à son appartement intérieur de l'étage noble originellement occupé par madame Du Barry.
Faute d'archives, il est très difficile de retracer avec exactitude la liste des hôtes. Sous Marie-Antoinette, les logés réguliers sont membres de la famille royale. La restauration engagée en 2008 a permis de restituer l'appartement intérieur du Roi ainsi que les trois pièces de l'appartement de la duchesse d'Orléans, établie au château en 1837, et de consacrer deux salons à la mémoire de Mesdames Élisabeth et Royale. Une autre salle muséographique rappelle la passion vouée par Eugénie à Marie-Antoinette. C'est l'impératrice qui fit transformer, la première, en 1867, le Petit Trianon en musée dédié à son souvenir.

Les vacances du roi

Lors des retraites estivales de Trianon, Louis XVI séjourne et couche en voisin au Grand Trianon. La reine lui conserve toutefois, dans l'attique de sa demeure, l'appartement intérieur de son grand-père. Il se compose de trois pièces en enfilade : une antichambre, une chambre (avec deux salles d'eau

Mesdames Élisabeth and Royale. Another museographic room pays tribute to Eugénie's passion for Marie-Antoinette. It was the empress, wife of Napoléon III, who initiated, in 1867, transformation of the Petit Trianon into a museum dedicated to her predecessor's memory.

The king's vacations

During the summer retreats at Trianon, Louis XVI would stay and sleep nearby at the Grand Trianon. The queen

↓ Le cabinet d'angle de l'appartement intérieur du Roi à l'attique du château du Petit Trianon conserve le bureau de Louis XVI livré en 1777 par Jean-Henri Riesener.
The corner cabinet of the king's interior apartments in the attic of the Petit Trianon holds Louis XVI's writing desk delivered in 1777 by Jean-Henri Riesener.

would nonetheless set aside for him, in the attic of the Petit Trianon, his grandfather's interior apartments made up of an enfilade of three rooms: an antechamber, a chamber (with two adjoining bathrooms) and a corner cabinet, the only room that Louis XVI refurbished for his own usage. The king liked to work with his family around him at the Petit Trianon, regularly visiting and admiring its gardens. He closely supervised the introduction of livestock to the farm of the Hamlet, whose thatched roofs and vegetable gardens were not intended exclusively for the queen's pleasure but also for the education of the Children of France.

The games rooms of the Mesdames

In June 1782, Madame Royale stayed at the Petit Trianon for the first time. Rather than hosting her under-governess, Marie-Antoinette preferred to leave the little girl aged three and a half in the care of her aunt Élisabeth who had recently celebrated her eighteenth birthday in May. They were accommodated in the king's interior apartments. The following summer, Louis XVI surprised

↑ Madame Élisabeth à l'âge de 18 ans, peinte en costume champêtre par Élisabeth-Louise Vigée-Le Brun (1782). Très attachée à son frère Louis XVI et à sa belle-sœur Marie-Antoinette, elle refuse d'émigrer avec Mesdames Adélaïde et Victoire, ses tantes, en février 1791. Enfermée en août 1792 à la prison du Temple, elle veillera sur sa nièce jusqu'à son inculpation et son exécution le 10 mai 1794.

Madame Élisabeth, aged eighteen, painted in rustic-style attire by Élisabeth-Louise Vigée-Le Brun (1782). Extremely attached to her brother Louis XVI and her sister-in-law Marie-Antoinette, she refused to emigrate with Mesdames Adélaïde and Victoire, her aunts, in February 1791. Imprisoned in the Tour du Temple in August 1792, she would watch over her niece until she was charged, then executed on May 10, 1794.

attenantes) et un cabinet d'angle, le seul endroit que Louis XVI fit remeubler pour son usage. Le roi aime venir travailler au milieu de sa famille au Petit Trianon, dont il visite régulièrement les jardins et admire les plantations. Il suit de près l'installation du cheptel de la ferme du Hameau dont les chaumières et leurs potagers ne sont pas destinés au seul plaisir de la reine, mais aussi à l'éducation des Enfants de France.

Les salons de jeux de Mesdames

En juin 1782, Madame Royale séjourne pour la première fois au Petit Trianon. Marie-Antoinette n'accueille pas sa sous-gouvernante, préférant confier la petite fille de trois ans et demi à sa tante Élisabeth qui

vient de célébrer son dix-huitième anniversaire en mai. Elles sont logées dans l'appartement intérieur du Roi. Élisabeth tombe immédiatement sous le charme du domaine... L'été suivant, Louis XVI, en grand frère attentionné, lui réserve la surprise d'une campagne à Montreuil. Le roi affectionne particulièrement cette sœur avec laquelle il partage la passion des sciences. Il l'autorise même à ne pas se marier pour qu'elle puisse rester à Versailles, un destin qui les liera jusqu'à l'échafaud. À l'accusateur public qui la traite de « sœur du tyran », elle aurait répliqué : « Si mon frère eût été ce que vous dites, vous ne seriez pas là où vous êtes, ni moi là où je suis ! »

his little sister with an invitation to the countryside at Montreuil. The king was particularly fond of this sister with whom he shared a passion for science. He even gave her permission not to marry so that she could stay at Versailles, a destiny that would link them up to their deaths by execution. In reply to the public prosecutor who called her the "tyrant's sister," she apparently retorted: "If my brother were what you claim him to be, you would not now be where you are, nor I where I am!"

←↓ Petit salon de Madame Royale (ci-contre) attenant au cabinet d'angle de l'appartement intérieur du Roi, remeublé et décoré de tentures de la manufacture de Jouy. Il jouxte le petit salon de Madame Élisabeth (ci-dessous) qui conserve une partie du mobilier du château de Montreuil.

Madame Royale's small salon (facing) adjoining the corner cabinet of the king's interior apartments, refurbished and decorated with hangings from the Manufacture de Jouy. It is next to Madame Élisabeth's small salon (below) that holds some furniture from the Palace of Montreuil.

Le domaine du roi

The king's domain

In May 1682, when Louis XIV decided to make Versailles his court's main residence, his chamber was not yet at the center of the palace, but inside the King's Grand Apartment, in the spot currently occupied by the Apollo Room 52; at that time, his chamber's position mirrored that of the queen's chamber 57 on the other side of the palace. The terrace separating the two royal apartments and opening out towards the Grand Canal would shortly be replaced by the Hall of Mirrors. Behind, a large central salon overlooked the Marble Courtyard, while around the courtyard, at the heart of the old palace, stood the sovereigns' interior apartments. But the death of Queen Marie-Thérèse, on July 10, 1683, before the completion of the palace's works, upset this fine symmetry. Louis XIV, who would not officially remarry, took over the queen's interior apartments and set up a new chamber for himself in the space that is now the

En mai 1682, lorsque Louis XIV choisit de faire de Versailles la résidence principale de sa cour, sa chambre ne se trouve pas encore au centre du château mais au sein du Grand Appartement du Roi, dans l'actuel salon d'Apollon 52 ; elle fait pendant à la chambre de la Reine 57. La terrasse séparant les deux appartements royaux et ouvrant sur la perspective du Grand Canal sera bientôt remplacée par la galerie des Glaces. Au revers, un grand salon central ouvre alors sur la cour de Marbre. Sur le pourtour de cette dernière, dans le cœur du vieux château, s'établissent les appartements intérieurs des souverains. Mais la mort de la reine Marie-Thérèse, le 10 juillet 1683, avant l'achèvement des travaux, bouleverse cette belle symétrie. Louis XIV, qui ne se remariera pas officiellement, se réserve l'appartement intérieur de la Reine pour y établir sa nouvelle chambre, à l'emplacement de l'actuelle antichambre de l'Œil-de-Bœuf 44. L'appartement du Roi ainsi créé devient le lieu de consécration quotidienne du corps souverain tandis que le Grand Appartement du Roi est réservé aux cérémonies plus exceptionnelles et aux divertissements de la cour. En 1701, l'établissement de la chambre du Roi dans le grand salon central du château fixe définitivement l'organisation courtisane de l'étage noble.

↑ Chambre du Roi établie en 1701 au centre du château.
King's Chamber, established in 1701 as the center of the palace.

Rien ne modifiera ce dispositif au fil du long séjour versaillais de Louis XV (cinquante-deux ans), même si ce roi n'aura de cesse de développer l'appartement intérieur légué par son arrière-grand-père pour former le Petit Appartement du Roi. Louis XV assume tout simplement plus ouvertement son droit à la vie privée, loin des faux-semblants de son prédécesseur qui se retirait en moyenne quatre-vingts jours par an dans les dépendances du parc et du domaine de Trianon. Fatigué de son long règne, le Roi-Soleil se réfugia même jusqu'à cent quarante jours par an à Marly dans les dernières années de sa vie. Des lieux d'élection de cette vie privée, rien n'a été conservé, au point de forcer l'image d'un souverain en constante représentation tandis que ses successeurs auraient privilégié l'intimité de leurs cabinets intérieurs.

Œil-de-Bœuf Antechamber ㊹. The king's quarters, thus created, became the place where the sovereign's daily business was conducted while the King's Grand Apartment was reserved for special ceremonies and court entertainment. In 1701, the establishment of the King's Chamber in the palace's large central salon sealed the organization of the *bel étage*. Nothing would modify this layout throughout Louis XV's long stint at Versailles (fifty-two years), even if this king would make ongoing developments to the interior apartments left behind by his great-grandfather to create the King's Small Apartment under the eaves. In short,

Louis XV took up his right to a private life more openly, rather than carrying on the subterfuges of his predecessor who withdrew an average of eighty days a year to the outbuildings in the park and the Trianon Estate. Exhausted by his long reign, the Sun King even retreated to Marly for up to one hundred and forty days per year in the final years of his life. Such emphasis was placed on Louis XIV's image as a sovereign constantly on public display that no traces were kept from the spots where he conducted his private life, whereas his successors apparently preferred the intimacy of their inner rooms.

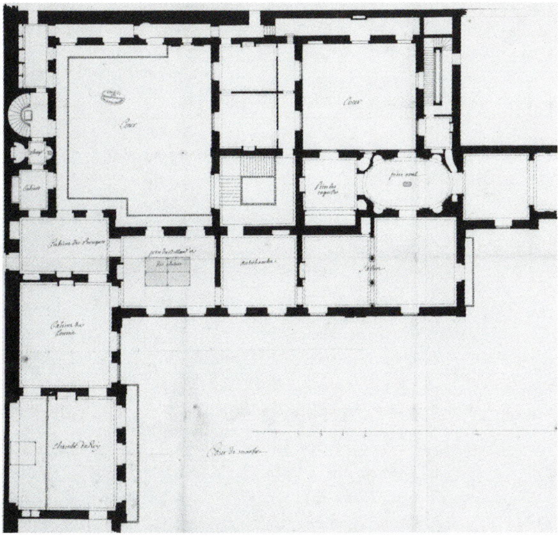

↑ Cabinet de retraite de Louis XIV (d'après un dessin de Robert de Cotte datant de 1692) situé à l'emplacement de l'actuel cabinet des Bains 84 qui donne sur la cour des Cerfs. Le plan des « petits appartements de Louis XIV » nous montre la disposition des intérieurs, à la fin du règne, dans le prolongement de la chambre du Roi et du cabinet du Conseil 46.

Louis XIV's retreat room, according to a 1692 drawing by Robert de Cotte, was situated in the space now occupied by the bathroom 84 overlooking the Courtyard of the Stags. The plan of "Louis XIV's small apartments" indicates how the interiors were organized at the end of the reign as an extension of the King's Chamber and the Cabinet of the Council 46.

L'hôtel particulier de la cour des Cerfs

The *hôtel particulier* at the Courtyard of the Stags

Sous Louis XV, les constants travaux d'aménagement des appartements intérieurs du Roi répondent à une quête de confort et d'intimité. Entre 1733 et 1765, nombre de salles à manger, de cuisines, de bibliothèques, de salles de bains sont créées et déplacées au gré des besoins et des amours secrètes. Ce domaine privé est inaccessible à la plupart des courtisans qui le voient comme une dépendance des espaces de vie officiels du souverain. Depuis la cour de Marbre, chacun perçoit bien l'existence d'un deuxième étage mais, en dehors de la noble domesticité du roi, personne ne connaît les contours exacts d'un dédale qui s'enfonce au cœur du château.

L'appartement intérieur du Roi à l'étage noble constitue un premier pas vers la vie privée. Louis XV, pour plus d'indépendance, lui offre une entrée particulière depuis la Cour royale par un vestibule gardé jour et nuit qui précède le degré du Roi, l'escalier intérieur de réception. Le Petit Appartement du Roi qui s'étend sous les combles de la cour de Marbre et dans les étages sur la cour des Cerfs est quant à lui le domaine des « privances », d'une vie presque bourgeoise, que seuls de petits escaliers desservent. En 1766, Louis XV en abandonnera l'étage principal à sa belle-fille (cf. p. 202) et prolongera, pour le desservir, le degré du Roi d'une belle volée de marches.

→ Vue sur la cour des Cerfs depuis le balcon ceinturant l'étage noble.
View of the Courtyard of the Stags from the balcony encircling the bel étage.

Under Louis XV, constant renovation works were undertaken in the king's interior apartments to meet a desire for greater comfort and intimacy. Between 1733 and 1765, sundry dining rooms, kitchens, libraries and bathrooms were created and moved as needs arose and the exigencies of secret romances sprang up. This private domain was inaccessible to most courtiers who took it for an annex to the sovereign's official living spaces. From the Marble Courtyard, a third floor was visible, but apart from the king's noble domestic staff, no one was aware of the exact layout of the maze penetrating into the heart of the palace.

The king's interior apartments on the *bel étage* represented a first step towards the sovereign having a personal life. To enjoy more independence, Louis XV created a private entrance leading to the Royal Courtyard through a vestibule guarded night and day that preceded the King's Staircase, the internal

↑ Amorce de l'escalier semi-circulaire ⓴ sur la cour des Cerfs qui distribue, au premier étage, les arrière-cabinets de l'appartement intérieur du Roi et, aux trois niveaux suivants, les cabinets scientifiques de Louis XVI. Au XIXe siècle, il prit le nom de « degré de la Forge » (ou escalier de la Forge) en référence à la forge installée dans les combles.

Bottom of the semi-circular staircase ⓴ facing the Courtyard of the Stags, leading up to the rear rooms of the king's interior apartments on the second floor, and to Louis XVI's scientific rooms over the three following floors. In the 19th century, it was baptized the "Forge Staircase" in reference to the forge installed in the attic.

reception staircase. Meanwhile, the King's Small Apartment, stretching over the attic floor overlooking the Marble Courtyard and throughout the upper floors overlooking the Courtyard of the Stags, held spaces for intimate socializing, accessed by small staircases. In 1766, Louis XV handed over the main floor of his private premises to his daughter-in-law (cf. p. 202), and to provide access it, the King's Staircase was extended by a flight of steps. The independent apartment constituted in this way would subsequently house Madame Du Barry (cf. p. 208). The third level of terraces and kitchens (cf. p. 145) overlooking the Courtyard of the Stags did not survive in the way that the science rooms (cf. p. 184) organized around the semi-circular staircase ⓴ did. This staircase was extended by Louis XVI to climb to a fifth floor that once led to a roof-level belvedere where it was not uncommon to see the king taking strolls.

GUARDING THE ROYAL HOUSEHOLD

As of 1662, Louis XIV justified the need to govern in a visible manner. He conceived of Versailles as a public arena, much like the stage of a theater. Any appropriately dressed person could be granted access to the King's Chamber at the heart of the palace during the day, to behold with his own eyes the sovereign's bed, a token of royal justice, and to pay his respects. For this purpose, hats and swords were available for hire in a building

↑ Réalisée par l'architecte Frédéric Nepveu sous Louis-Philippe Ier, cette coupe révèle les trois niveaux des cabinets scientifiques de Louis XVI élevés au-dessus de l'étage des arrière-cabinets de l'appartement intérieur du Roi (étage noble) sur la cour des Cerfs, ainsi que l'appartement de l'attique Richelieu, au-dessus du salon d'Apollon (52), concédé à ses premières favorites par Louis XV (cf. p. 192).

Drawn by the architect Frédéric Nepveu under Louis-Philippe I, this cross-section showed Louis XVI's three levels of science rooms above the rear rooms of the king's interior apartments on the bel étage *overlooking the Courtyard of the Stags, as well as the apartment in the Richelieu attic above the Apollo Room (52), reserved by Louis XV for his mistresses (cf. p. 192).*

L'appartement indépendant ainsi constitué accueillera par la suite madame Du Barry (cf. p. 208). Le troisième niveau des terrasses et des cuisines (cf. p. 145) sur la cour des Cerfs n'a pas subsisté tandis que demeurent les cabinets scientifiques (cf. p. 184) articulés autour de l'escalier semi-circulaire (30). Cet escalier fut prolongé par Louis XVI jusqu'à un quatrième niveau qui s'ouvrait autrefois sur un belvédère au niveau des toitures où il n'était pas rare de voir le roi se promener.

LA GARDE DE LA MAISON ROYALE

Dès 1662, Louis XIV justifie la nécessité d'une gouvernance visible. Il imagine donc Versailles comme un lieu ouvert et public, comme une scène de théâtre. N'importe quelle personne convenablement vêtue peut accéder en pleine journée à la chambre du Roi, au centre du château, pour voir de ses yeux le lit, symbole de la justice royale, et tirer sa révérence. Chapeau et épée sont proposés à la location dans une baraque près de la grille d'Honneur du château. Un jour par semaine, chaque justiciable peut poser son placet (une requête) sur une table dressée dans la première antichambre de l'appartement du Roi (43)... devant un

close to the palace's main gate. Once a week, anyone subject to trial could lodge his petition at a table set up in the first antechamber of the king's apartment (43)... in front of an empty armchair symbolizing the monarch's presence. The truth was that free access to the sovereign remained purely theoretical. If the king happened to pass, ushers would announce his arrival, guards would take up their weapons, silence would descend, and everyone would bow. The king never moved about without his two Gardes de la Manche ("Guards of the Sleeve"), one on his right, the other on his left. The palace's security was ensured by a hundred or so officers from four bodyguard companies, Swiss Guards and Gardes de la Porte ("Guards of the Gate"), the static doorkeepers guarding the royal family's apartments. The police was overseen by the Grand Prevost of France, an office handed down from one Marquis de Sourche to another from 1643 onwards. Acting as the king's eyes and ears, the Prevost was feared by courtiers... and proved more skillful in intelligence matters than in resolving the thefts that were frequently reported.

fauteuil vide qui symbolise la présence du monarque. Le libre accès au souverain est en effet des plus théoriques. Que le roi ait à passer, les huissiers l'annoncent, les gardes prennent les armes, le silence se fait et tous se prosternent. Le roi ne se déplace jamais sans l'escorte de deux gardes de la Manche, l'un à sa droite et l'autre à sa gauche. La sécurité du château est assurée par une centaine d'officiers de quatre compagnies de gardes du corps, de la compagnie des Cent-Suisses et par les gardes de la Porte (la garde statique des appartements de la famille royale). La police est du ressort du grand prévôt de France, aîné des marquis de Sourches et de Tourzel depuis 1643. Œil et oreille du roi, il est craint des courtisans… et se montre plus efficace dans le renseignement que dans la résolution des affaires de vol dont les procès-verbaux s'accumulent sur son bureau.

L'attentat du 5 janvier 1757

Aux alentours de 18 heures, un carrosse attend Louis XV dans la Cour royale pour le conduire à Trianon. Il fait nuit. À la sortie de la petite salle des Gardes de l'appartement intérieur du Roi ㉓, personne ne peut arrêter le forcené qui bondit pour frapper de son couteau la poitrine du souverain. Louis XV saigne abondamment. Il est transporté dans sa chambre intérieure, à l'étage, où il a juste le temps de réclamer un prêtre avant de s'évanouir. La blessure est plus

↑ Entrée « officielle » de l'appartement intérieur du Roi à l'angle de la cour de Marbre et de la Cour royale.
"Official" entrance of the king's interior apartments at the corner of the Marble Courtyard and the Royal Courtyard.

The attack on January 5, 1757

At around 6 p.m., a carriage was waiting for Louis XV in the Royal Courtyard to take him to Trianon. It was dark. At the exit of the small Guards' Room of the king's interior apartments ㉓, no one managed to stop the maniac who leapt out to stab the sovereign in the chest with a knife. Louis XV lost a great deal of blood, and was transported to his interior chamber upstairs where he had just enough time to demand a priest before fainting. The wound proved to be more impressive than it was serious. After ten days of convalescence, the king asked for clemency to be exercised. But the halls of justice refused to show

↑ Petite salle des Gardes de l'appartement intérieur du Roi ㉓ précédant le degré du Roi. Encadrant le premier palier au fond de la pièce, des portes ouvrent sur deux réduits où les gardes du corps rangent leurs paillasses de nuit.

Small Guards' Room of the king's interior apartments ㉓ preceding the King's Staircase. Doors framing the first small landing at the back of the room opened onto two recesses where bodyguards could store their straw mattresses for the night.

→ Gardes du corps du Roi au début du règne de Louis XV, d'après Alfred de Marbot et Joseph-Édouard Dunoyer de Noirmont : à gauche, un membre de la compagnie écossaise et, à droite, un garde de la Manche. Ils encadrent le souverain lors de ses déplacements.

The King's Bodyguards at the start of Louis XV's reign, by Alfred de Marbot and Joseph-Édouard Dunoyer de Noirmont: on the left, a Scots Guard, and on the right, a Garde de la Manche. They surrounded the sovereign during his comings and goings.

← Le degré du Roi (dans sa disposition basse de 1754) mène à l'appartement intérieur du Roi à l'étage noble. En 1766, l'escalier est prolongé jusqu'au deuxième étage pour desservir le Petit Appartement du Roi lorsque Louis XV décide d'y loger sa belle-fille devenue veuve, Marie-Josèphe de Saxe (cf. p. 202).
The King's Staircase (in its lower version dating from 1754) led to the king's interior apartments on the bel étage. *In 1766, the staircase was extended to the King's Small Apartment on the third floor when Louis XV decided to pass the quarters onto his widowed daughter-in-law, Marie-Josèphe de Saxe (cf. p. 202).*

→ Le vestibule de la cour des Cerfs ouvrant sur l'antichambre de l'appartement du capitaine des gardes du corps du Roi ㉖.
The vestibule of the Courtyard of the Stags leading to the antechamber of the apartment occupied by the captain of the King's Bodyguards ㉖.

impressionnante que grave. Après dix jours de convalescence, le roi plaide la clémence. Mais pour la justice, il n'est nulle indulgence au crime de lèse-majesté. Le 26 mars, le coupable – un domestique répondant au nom de Damiens, coursier pour les magistrats du Parlement de Paris – est condamné pour régicide à être écartelé, un supplice qui fit horreur au roi… et même aux bourreaux.

Un appartement par quartier

Les gardes du corps du Roi sont logés en ville, dans un hôtel à la croisée de l'avenue de Sceaux et de la rue Royale. Une compagnie sert par trimestre, sous la conduite d'un capitaine : sous Louis XVI, le duc de Noailles dirige la compagnie écossaise (quartier de janvier), le duc de Villeroy, la première compagnie française (quartier d'avril), le prince de Beauvau-Craon, la deuxième (quartier de juillet), et le prince de Tingry, la troisième (quartier d'octobre).

indulgence when the heinous crime of lese-majesty had been committed. On 26 March, the guilty party—a servant by the name of Damiens, an errand boy for the magistrates of the Parliament of Paris—was sentenced for regicide to quartering, a punishment that horrified the king—and even executioners.

Lodgings for a quarter

The King's Bodyguards were housed in a hotel in the city of Versailles, at the intersection of Avenue de Sceaux and Rue Royale. A different brigade was placed on duty each quarter, with each being supervised by one captain:

↑ Le grand cabinet du capitaine des gardes du corps du Roi ㉗ est plus une pièce de travail et d'audience qu'un salon. Chaque matin, les ordres d'attribution des postes de surveillance partent d'ici vers les salles des gardes du château.

The grand cabinet of the captain of the King's Bodyguards ㉗ was a work and meeting room rather than a salon. Every morning, orders on how surveillance posts were to be assigned were issued from here to the palace's guards' rooms.

→ Cabinet intérieur ㉙ du capitaine des gardes du corps du Roi ouvrant sur la cour des Cerfs.

Inner room ㉙ of the captain of the King's Bodyguards leading to the Courtyard of the Stags.

← Louis de Noailles, quatrième duc du nom (frère aîné du gouverneur Philippe de Noailles), capitaine de la compagnie écossaise des gardes du corps du Roi. Ce portrait, daté de 1775, le représente à l'âge de 62 ans. Noailles était en service lors de l'attentat de Damiens le 5 janvier 1757, mais Louis XV lui conservera sa profonde amitié. Ses bons mots et ses saillies amusent beaucoup le roi avec qui il partage la même passion pour la botanique.

Louis de Noailles, the fourth Duke of Noailles (elder brother of Governor Philippe de Noailles), Captain of the Scots Brigade within the King's Bodyguards. This portrait, dating from 1775, represents him at age sixty-two. Although he was on duty during the attack by Damiens on January 5, 1757, Louis XV continued to consider him as a close friend. His witticisms greatly amused the king with whom he shared a passion for botany.

Les quatre maréchaux résident dans un appartement de quatre pièces au rez-de-chaussée de la cour de Marbre, sous l'appartement intérieur du Roi, aisément accessible depuis le degré du Roi ou l'escalier semi-circulaire ㉚ dans la cour des Cerfs.

LES VISAGES FAMILIERS DU REZ-DE-CHAUSSÉE

L'entourage du roi n'est pas exclusivement peuplé de gentilshommes. Les favorites font partie de la garde rapprochée du souverain et jouent un rôle central en rupture avec les charges de la cour. Elles deviennent « ministres » de l'intime et parfois femmes politiques. Si, au temps de Louis XIV, durant trente-deux ans, nul courtisan, nul ministre ne peut négliger le salon de madame de Maintenon, nul n'ignorera davantage celui de la marquise de Pompadour sous Louis XV. Comme l'écrit Jean-Nicolas Dufort de Cheverny, introducteur des ambassadeurs, madame de

← La duchesse de Pompadour peinte en 1756, à l'âge de 35 ans, par François Boucher, au lendemain du traité qui consacre son projet d'alliance avec l'ennemi héréditaire autrichien… La favorite de Louis XV est au sommet de son pouvoir, même si sa santé commence à vaciller. Le 15 avril 1764, elle meurt, à 42 ans, d'une congestion pulmonaire dans son appartement princier – ultime privilège, puisqu'il était interdit à un courtisan de mourir dans la demeure du roi.

The Duchess of Pompadour, painted in 1756 at age thirty-five, by François Boucher, following the treaty officializing the plan for an alliance with France's longtime enemy, Austria… Louis XV's mistress was at the summit of her power even if her health was beginning to fail. On April 15, 1764, she died, aged forty-two, from pulmonary congestion in her princely apartment—a final privilege as it was normally forbidden for a courtier to die in the king's residence.

under Louis XVI, the Duke of Noailles oversaw the Scots Brigade (January quarter), the Duke of Villeroy, the First French Company (April quarter), the Prince of Beauvau-Craon, the Second (July quarter), and the Prince of Tingry, the Third (October quarter). The four marshals resided in a four-room apartment on the ground floor facing the Marble Courtyard, under the king's interior apartments, easily accessible via the King's Staircase or the semi-circular staircase ㉚ in the Courtyard of the Stags.

FAMILIAR FACES ON THE GROUND FLOOR

The king's entourage was not exclusively peopled by noblemen. His close circle encompassed his mistresses who played key roles that broke with the court's system of office-holders. These women became private "ministers" and sometimes

→ Arrière-entrée des appartements de Mesdames Adélaïde et Victoire ㉜, dans le vestibule de la cour des Cerfs ㉕ par lequel Louis XV pouvait rendre discrètement visite à ses filles.

Rear entrance of the apartments of Mesdames Adélaïde and Victoire ㉜, in the vestibule of the Courtyard of the Stags ㉕, used by Louis XV to visit his daughters discreetly.

↖ Portrait non officiel de Louis XV peint par Armand-Vincent de Montpetit en mars 1774. Le roi est alors âgé de 64 ans. Dans les dernières années de son règne, il tend à vivre de plus en plus reclus avec madame Du Barry, son ultime caprice – qui est plus jeune que la dernière de ses filles. Le tableau alimente la légende noire de ce roi au caractère taciturne et neurasthénique qui éprouva le plaisir de la chair auprès de très nombreuses maîtresses.

Unofficial portrait of Louis XV painted by Armand-Vincent de Montpetit in March 1774. The king was aged sixty-four at the time. In the last years of his reign, he tended to withdraw increasingly with Madame Du Barry, his final whim, who was younger than his youngest daughter. The painting feeds the legend of a taciturn, neurasthenic king who indulged in fleshly pleasures with a great many mistresses.

politicians. In this way, for thirty-two years of Louis XIV's reign, courtiers and ministers were well advised not to neglect the salon of Madame de Maintenon, and the same applied for that of the Marquise of Pompadour under Louis XV.

As noted by Jean-Nicolas Dufort de Cheverny, holder of the office of introducer of ambassadors, Madame de Pompadour was skilled in "the great art of distracting the most difficult man to amuse in the kingdom." Melancholic by nature and an insatiable lover of the fair sex, Louis XV discovered a need for bodily comfort early on. The Nesle sisters were the first to offer him the type of company he was after (cf. p. 192),

Pompadour eut « le grand art de distraire l'homme du royaume le plus difficile à amuser ». Louis XV étant d'une nature mélancolique et un insatiable amateur du beau sexe, il ressent très tôt le besoin d'amitiés charnelles. Les sœurs de Nesle lui offrent d'abord une compagnie à son goût (cf. p. 192), puis il se tourne vers cette roturière arriviste qu'il installe près de lui et titre marquise. En mai 1751, la faveur éclatante de la Pompadour se mesure à son installation dans l'appartement princier du rez-de-chaussée – sous les salons du Grand Appartement du Roi (Mars, Diane et

Vénus) –, occupé jusqu'alors par le duc de Penthièvre (issu de la descendance légitimée de madame de Montespan et de Louis XIV). En 1752, un titre de duchesse confirme l'entrée en politique d'une femme qui appartient désormais au système de gouvernement. Son appartement devient l'antichambre du pouvoir. Cette place est d'autant plus assise que la relation intime avec le roi a déjà pris, à cette date, un tour platonique. Cette amitié, que seule la mort de la duchesse interrompt au printemps 1764, révèle le caractère de Louis XV qui semble n'être rassuré qu'entouré de visages familiers.

Hormis Élisabeth, l'aînée de ses filles mariée en 1739 avec l'infant d'Espagne, Louis XV garde ses princesses auprès de lui, prétextant l'incommensurabilité des dots à pourvoir. L'installation au rez-de-chaussée de madame de Pompadour coïncide avec la « prise d'assaut » du corps central du château par les cadettes du roi. Le sacrifice, en 1752, de l'escalier des Ambassadeurs de Louis XIV, permet de faire de la place sur deux étages. Adélaïde, la « seconde aînée », gagne ainsi à l'étage noble un appartement de plain-pied avec l'appartement intérieur du Roi, tandis que Victoire, Sophie et Louise investissent l'appartement mitoyen de la favorite au rez-de-chaussée, précédemment occupé par la veuve du comte de Toulouse. Cette dernière, à qui le roi est très attaché depuis son enfance, conservera jusqu'à sa mort en 1766 un cabinet tampon entre les deux logements. Les filles du roi ne sont en effet pas très tendres avec celle qu'elles surnomment « notre maman putain ». Louis XV s'en amuse… il peut aller à sa guise rendre visite à son amie ou aux cadettes chez qui il a l'habitude de descendre le matin pour prendre son café.

Les appartements de ces dames deviennent des « fusibles » autour du roi. Louis XV, bien loin de se replier sur son intimité, l'élargit à toute l'aile qu'il habite. En 1769, l'irruption dans le cœur du roi de madame Du Barry ne change guère ce dispositif féminin, même si elle conduit au grand déménagement d'Adélaïde, priée de quitter l'étage noble pour rejoindre ses sœurs au rez-de-chaussée. Le roi vieillissant n'entend pas la morale. À cinquante-neuf ans, il souhaite s'adonner librement à la passion charnelle que lui inspire la jeune femme de tout juste vingt-six printemps.

before he switched his attention to the social-climbing commoner that he set up near him and titled as marquise. In May 1751, royal favor of the Marquise of Pompadour was expressed by her being granted the princely ground-floor apartment below the Mars, Diana and Venus Rooms of the King's Grand Apartment, occupied until then by the Duke of Penthièvre (a legitimate son of Madame de Montespan and Louis XIV). In 1752, she was graced by the title of duchess, a development that confirmed her political debut, for from that point, she played a part in the government system. Her apartment became the antechamber to power—a role that was all the stronger in that her intimate relationship with the king had already, at that stage, taken a platonic turn. This friendship, ending only with her death in spring 1764, indicates Louis XV's need to be surrounded by familiar faces.

Apart from Élisabeth, the eldest of Louis XV's daughters who wed the Infant of Spain in 1739, the king kept his princesses at his side, on the grounds of the excessiveness of the dowries he would otherwise have to provide. The allocation of the ground-floor apartment to Madame de Pompadour coincided with the palace's central body being overtaken by the king's younger daughters. By sacrificing Louis XIV's Ambassadors' Staircase in 1752, space was gained on two floors. In this way, Adélaïde, the second-eldest, was granted an

apartment on the *bel étage* on the same level as the king's interior apartments whereas Victoire, Sophie and Louise moved into the apartment next to that of their father's mistress on the ground floor, previously occupied by the widow of the Count of Toulouse. The latter, to whom the king was extremely attached since his childhood, would stay in a small buffer room between the two apartments until her death in 1766. The king's daughters were not very tender with the woman that they called "our prostitute mummy." Louis XV, on the other hand, had fun with the situation... he was free to go as he liked to visit his female friend or his younger daughters in whose quarters he took to having his morning coffee.
The apartments of these ladies turned into "lightning rods" around the king. But Louis XV, rather than withdrawing into his private world, extended it to the whole of the wing in which he inhabited. In 1769, the arrival of a new object of royal affection, Madame Du Barry, changed nothing to this female entourage even if it led to the request for Adélaïde to leave the *bel étage* to join her sisters on the ground floor. The ageing king paid no heed to moral dictates. At the age of fifty-nine, he wished to devote himself freely to the carnal passion inspired in him by the twenty-six-year-old woman.
In exchange for grouping together his daughters on the ground floor, Louis XV granted a few significant changes: Louise was given

↑ Louis XV aimait beaucoup Adélaïde, sa quatrième fille au caractère si vif. Il la surnommait « Madame Torchon » en raison de sa maniaquerie. Ce portrait signé Adélaïde Labille-Guiard la représente à l'âge de 55 ans, deux ans avant le début de la Révolution. On l'y voit peindre les figures en médaillon de ses parents et de son frère décédés. Sa lucidité la sauva de la tempête révolutionnaire. Ayant fui en Italie avec sa sœur Victoire dès 1791, elle mourut à Trieste en 1800 à l'âge de 68 ans.

Louis XV was immensely fond of Adélaïde, his lively fourth daughter. He nicknamed her "Madame Dishcloth" because of her obsession with cleanliness. This portrait by Adélaïde Labille-Guiard shows her at age fifty-five, two years before the Revolution began. We see her painting medallion figures of her deceased parents and brother. Her lucidity saved her from the revolutionary storm. After fleeing to Italy with her sister Victoire in 1791, she died in Trieste in 1800, aged sixty-eight.

↑↑ Chambres de Mesdames Victoire 36 (en haut) et Adélaïde 40 dans leurs appartements mitoyens, au rez-de-chaussée du corps central du château, situés sous le Grand Appartement du Roi.

Chambers of Mesdames Victoire 36 (top) and Adélaïde 40 in their adjoining apartments on the ground floor of the palace's central body, under the King's Grand Apartment.

→ Madame Victoire, la cinquième fille de Louis XV, est ici représentée en 1786 par Heinsius, à l'âge de 53 ans. Elle connaît l'amour depuis deux ans déjà. Le vice-amiral de Suffren, un célèbre marin surnommé par les Anglais « l'amiral Satan », a fait sa conquête. Victoire rêve d'aventures...
En 1798, c'est en barque qu'elle traverse l'Adriatique avec sa sœur Adélaïde pour fuir l'avancée des troupes napoléoniennes. Elle meurt d'un cancer du sein l'année suivante à Trieste, à l'âge de 66 ans.

Madame Victoire, the fifth daughter of Louis XV, was represented here in 1786 by Heinsius, at the age of fifty-three. Two years previously, she fell in love with the Vice-Admiral de Suffren, a well-known sailor nicknamed "Admiral Satan" by the English. Victoire dreamed of adventure... In 1798, she crossed the Adriatic Sea by boat with her sister Adélaïde to flee the advance of Napoleonic troops. She died of breast cancer the following year in Trieste, at the age of sixty-six.

↓ Cabinet intérieur de Madame Adélaïde 39.
Madame Adélaïde's inner room 39.

↓ Escalier desservant la garde-robe de Madame Victoire, entresolée au-dessus de sa bibliothèque ㊳. Derrière les portes, un corridor relie les appartements de Mesdames Adélaïde et Victoire ; on peut encore y voir deux des colonnes de marbre de l'ancien appartement des Bains de Louis XIV. Il ouvre au centre sur le vestibule de l'arrière-entrée ㉜ des appartements princiers, lequel donne sur le vestibule de la cour des Cerfs ㉕.

Staircase leading to Madame Victoire's wardrobe, located on an entresol above her library ㊳. Behind the doors, the two princely apartments are linked by a corridor preserving two marble columns from Louis XIV's former Apartment of Baths and opening onto the rear-entrance vestibule ㉜ of the apartments of Mesdames Adélaïde and Victoire, that in turn leads to the vestibule of the Courtyard of the Stags ㉕.

the apartment once belonging to dauphin who had passed away in 1765, Sophie moved into the apartment created in the current Lower Gallery facing the Marble Courtyard (cf. p. 69), Victoire occupied the extension opening out to the Water Parterre, while Adélaïde took over the rooms left vacant since Madame de Pompadour's death. Under Louis XVI, the two latter sisters would maintain their hold on their quarters; but from 1782, Marie-Antoinette would appropriate the apartment of Madame Sophie following her death (cf. p. 72).

↑ Bibliothèque de Madame Victoire 38.
Madame Victoire's library 38.

→ Cabinet intérieur de Madame Victoire 37.
Madame Victoire's inner room 37

En échange du regroupement de ses filles au rez-de-chaussée, Louis XV concède d'importants aménagements : Louise peut bénéficier de l'appartement du Dauphin décédé en 1765, Sophie s'installe dans celui créé dans l'actuelle Galerie basse qui ouvre sur la cour de Marbre (cf. p. 69), Victoire intègre le prolongement ouvrant sur le parterre d'Eau, tandis qu'Adélaïde récupère le logement qu'occupait madame de Pompadour. Sous Louis XVI, les deux dernières maintiendront leur emprise sur ces logements ; mais Marie-Antoinette accapare dès 1782 l'appartement de Madame Sophie, après le décès de celle-ci (cf. p. 72).

Passe-temps artistiques de Mesdames

Dans ses *Mémoires*, le duc de Luynes note : « Je ne sais pas si j'ai parlé du grand nombre d'occupations que Mesdames se sont données volontairement... » Lecture, dessin, peinture et musique sont les activités principales des longs après-midi qu'elles partagent, souvent recluses dans leurs appartements, en particulier l'hiver quand toute promenade dans les jardins est interdite. Victoire joue fort bien du clavecin, de la guitare et de la basse de viole. Adélaïde excelle au violon. La mélomane de la famille est toutefois leur mère. En 1725, Marie Leszczynska inaugure l'institution des concerts de la reine dans le salon de la Paix ❸. Plusieurs fois par semaine, elle fait interpréter les œuvres de Lully, Destouches, Campra ou Mouret...

The Mesdames' artistic pastimes

In his *Mémoires*, the Duke of Luynes made the following remark: "I don't know if I have spoken of the many pursuits to which the Mesdames willingly devoted themselves..." Reading, drawing, painting and music were the main activities undertaken on long afternoons, especially in winter when garden strolls were not an option. Victoire was gifted at playing the harpsichord, the guitar and the bass viol. Adélaïde excelled at violin. But the family's biggest music-lover was their mother. In 1725, Marie Leszczynska launched the institution of "the Queen's Concerts" in the Peace Room ❸. Several times a week, musicians would interpret works by Lully, Destouches, Campra or Mouret... Marie Leszczynska herself could sing, play the harpsichord and the hurdy-gurdy. She performed in public from time to time, as in 1752 with the well-known castrato Farinelli. Under Louis XV, music was the domain in which members of the royal family were free to shine. In Madame Victoire's grand cabinet ㉟, a magnificent harpsichord made by Blanchet (1746) still stands, while Madame Adélaïde's grand cabinet ㊶—displaying the woodwork laid for Madame de Pompadour who occupied the quarters from 1751 until her death in 1764—conserves a Somer organ (1747), the princess' violin manufactured by Gagliano, as well as large portraits by Jean-Marc Nattier dating from 1773 showing Adélaïde singing and her sister Victoire playing the harp.

Musicienne, Marie Leszczynska chante, joue du clavecin et de la vielle. Elle se produit parfois en public comme en 1752 avec le célèbre castrat Farinelli. Sous Louis XV, la musique est le domaine dans lequel les membres de la famille royale peuvent librement briller. Dans le grand cabinet de Madame Victoire ㉟, un magnifique clavecin de facture Blanchet (1746) subsiste, tandis que le grand cabinet de Madame Adélaïde ㊶ – aux boiseries posées pour madame de Pompadour qui occupa le lieu de 1751 à sa mort en 1764 – conserve un orgue de facture Somer (1747), le violon de la princesse fabriqué par Gagliano, ainsi que les grands portraits de Jean-Marc Nattier de 1773 représentant Adélaïde solfiant et sa sœur Victoire jouant de la harpe.

↖↓ Grands cabinets de Mesdames Adélaïde ㊶ (en bas) et Victoire ㉟ (en haut).
Grand cabinets of Mesdames Adélaïde ㊶ and Victoire ㉟.

Être reçu chez le roi
A guest of the king

Les dignitaires qui assistent quotidiennement au cérémonial du lever patientent dans l'antichambre de l'Œil-de-Bœuf ㊹. La plupart connaissent peu de choses de la vie du souverain et ont seulement les honneurs de la chambre du Roi. Leur domaine est celui de l'appartement du Roi. Ils ne peuvent être confondus avec la société intime du monarque ; la « première cour » est régie par l'étiquette, la « seconde » par l'esprit. Déjà sous Louis XIV, aux rituels du grand couvert répondaient les après-soupers où le roi se retirait avec quelques privilégiés et ses familiers dans le cabinet du Billard de son appartement intérieur. À sa suite, Louis XV organisera de véritables dîners hebdomadaires privatifs... qui feront tout autant travailler l'imagination de sa cour.

LES SOUPERS DES RETOURS DE CHASSE

Le ministre et cardinal de Fleury souligne combien les « privances » du roi au retour de la chasse sont un instrument de gouvernement : les chasseurs n'ont pas toujours l'honneur d'être arrêtés pour souper. Il faut imaginer ces gentilshommes attroupés dans

→ Palier du degré du Roi ouvrant sur l'antichambre de l'appartement intérieur du Roi 69.
Landing of the King's Staircase leading to the antechamber of the king's interior apartments 69.

The dignitaries who attended the king's rising ceremony every day would wait in the Œil-de-Bœuf Antechamber ㊹. Most of them knew little about the sovereign's life and were ceremoniously welcomed into the King's Chamber only; their domain was the King's Apartment. For the monarch's close circle, it was another matter altogether. While the "first court" was dictated by etiquette, wit was paramount in the "second court." Already under Louis XIV, the public dining ritual of the *grand couvert* was followed up by suppers where the king would retreat, with a privileged few, to the Billiard Room of his interior apartments. Meanwhile, Louis XV would organize private weekly dinners whose exclusiveness would whip up his court's fantasies.

POST-HUNT SUPPERS

Cardinal de Fleury, Louis XV's chief minister, pointed out the extent to which the king's private post-hunt gatherings were an instrument of government. Not all hunters were graced with the honor of being asked to supper.

↑→ Antichambre de l'appartement intérieur du Roi 69 ou antichambre des Chiens. Elle distribue la salle à manger des retours de chasse 70 (ci-contre). Une fois par semaine, des gentilshommes ont le privilège d'y dîner avec le roi. Ils passent ensuite dans le cabinet de la Pendule 72 où la soirée se termine autour d'une table de jeux.

Antechamber of the king's interior apartments 69 or the "Dogs' Antechamber," preceding the "Return from the Hunt" dining room 70 (facing). Once a week, gentlemen had the privilege of dining here with the king. They then moved into the Clock Room 72 where the evening would end around a games table.

l'antichambre de l'Œil-de-Bœuf 44 et attendant que l'huissier dévoile la liste des admis au souper du roi. Les élus se présentent à l'heure indiquée Cour royale, petite salle des Gardes de l'appartement intérieur du Roi 23 ; à l'étage, ils sont introduits par les « garçons bleus » (valets des intérieurs) dans l'antichambre des Chiens 69. Louis XV a en effet l'habitude de sélectionner dans sa meute ceux qui se sont illustrés lors de la chasse du jour et de les faire dormir ici, dans des niches. Le message a pour le courtisan l'évidence de la fable.

Dans la salle à manger 70, juste à côté, le dîner rassemble une vingtaine de convives et quelques dames qui donnent de la gaieté à une soirée où l'on parlera

Picture the scene of the throng of noblemen gathered in the Œil-de-Bœuf Antechamber 44, waiting for the usher to reveal the list of those being invited to sup with the king. The chosen ones had to present themselves, at the specified hour, in the small Guards' Room of the king's interior apartments 23, off the Royal Court; upstairs, they would be escorted by *garçons bleus* (valets in the interior apartments) to the Dogs' Antechamber 69. The room derives its names from Louis XV's habit of selecting that day's outstanding performers from his pack of hunting dogs and accommodating them here for the night, in kennels. Just next door in the dining room 70, dinner assembled twenty or so guests along with a few ladies who added a touch of gaiety to an evening where participants amused one another by speaking freely. Courtiers were expected to shine through wit and linguistic virtuosity; it was not a place for dour solemnity. Such suppers were opportunities to introduce new guests… and to test them out before inviting them again. Service was conservative, carried out by valets from the kitchens of the King's Small Apartment (cf. p. 145)—the king's "Petite Bouche" (literally, "Small Mouth"), so-called to draw a distinction with the palace's official kitchens (cf. p. 149). The neighboring Buffet Room ⓻ facilitated service as it adjoined the Kitchens' Staircase (no longer

librement pour se divertir. Le courtisan doit briller sans afficher un sérieux assommant, témoigner d'esprit et de virtuosité langagière. Un souper est l'occasion d'introduire de nouveaux convives… pour les tester avant de les inviter de nouveau. Le service se veut bourgeois, assuré par les valets des cuisines du Petit Appartement du Roi (cf. p. 145) – la « Petite Bouche du roi », ainsi surnommée par opposition aux cuisines officielles du château (cf. p. 148). La pièce des Buffets ⓻ voisine facilite le service, communiquant avec le degré des Cuisines (disparu). Le repas se conclut autour d'une table de jeux dans le cabinet de la Pendule ⓼ voisin. À la première heure du matin, chacun s'apprête à reprendre sa place. Les gentilshommes accompagnent le roi dans la chambre intérieure ⓽ (cf. p. 170) attenante pour accomplir un cérémonial simplifié du coucher. Comme au temps où Louis XIV savait si bien « donner l'être à des riens », Louis XV inspecte les visages en présence pour désigner qui aura l'insigne honneur de tenir le bougeoir en sortant. Le partage de l'intimité royale n'est qu'un privilège passager.

↑ L'extraordinaire pendule de Passemant et Dauthiau qui a donné son nom au cabinet de la Pendule ⓻⓶.
The extraordinary clock by Passemant and Dauthiau that gave its name to the Clock Room ⓻⓶.

Veillées royales

C'est au son des tic-tac du cabinet de la Pendule ⓻⓶ que le souper du roi se termine dans la soirée, autour d'une table de jeux. Louis XV posséda longtemps des cadrans muraux marquant le lever et le coucher du soleil. En janvier 1754, ils sont complétés par l'extraordinaire pendule de l'ingénieur Passemant et de l'horloger Dauthiau offerte par l'Académie royale des sciences. Sa fabrication a nécessité douze ans de travail ! Elle permet de fixer pour la première fois une heure officielle dans tout le royaume. Battant les secondes avec une extrême précision, elle indique le jour de la semaine, le mois, l'année et le quartier de lune. Chaque 31 décembre, le roi assiste en famille au passage à l'année nouvelle, sous l'œil attentif de son maître horloger, Jean-André Lepaute. Le calendrier a

standing). The evening would conclude around a games table in the Clock Room ⓻⓶ next door. When the first hour of morning came around, all prepared to take up their positions. The gentlemen accompanied the king to the adjoining interior chamber ⓼⓶ (cf. p. 170) and performed a simplified bedtime ceremony. As in the age when Louis XIV was highly skilled in "endowing being to nothings," Louis XV would inspect the faces present to designate the person who would have the honor of holding the candlestick when exiting. The sharing of royal privacy was but a passing privilege.

Royal vigils

The king's suppers would end around a games table in the Clock Room ⓻⓶, against the background noise of ticking. Louis XV had long owned wall sundials that marked sunrise and sunset. In January 1754, these were joined by an extraordinary clock designed by engineer Passemant and clockmaker Dauthiau, presented to the king by the Royal Academy of Sciences. The fruit of an impressive twelve years of work, the clock counted each second with extreme precision, as well as indicating the day of the week, the month, the year and the lunar phase... Every December 31, the king would observe the clock's transition to the New Year under the attentive gaze of his master clockmaker Jean-André Lepaute. Its calendar is programmed to work until the year 9999! On top of the clock, the crystal globe representing the revolution of the planets around the sun was perfected by the Caffieri father-son team according to Copernicus' system. A science and astronomy buff, Louis XV had a copper line symbolizing the Versailles meridian embedded in the room's wooden floorboards. The king was eminently proud of demonstrating the mechanical prowess of his clock that surpassed all automaton clocks. But without a doubt, those who kept their eyes fixed the longest on this clock were the ushers and the king's First Valet de Chambre who had to remain on standby all day long in this room...

THE KING'S PETITE BOUCHE

The kitchens facing the Bouche Courtyard, set at a right angle from the South Wing (cf. p. 148), were responsible for service during ceremonies as well as the *grand couvert*, the public royal meals that traditionally

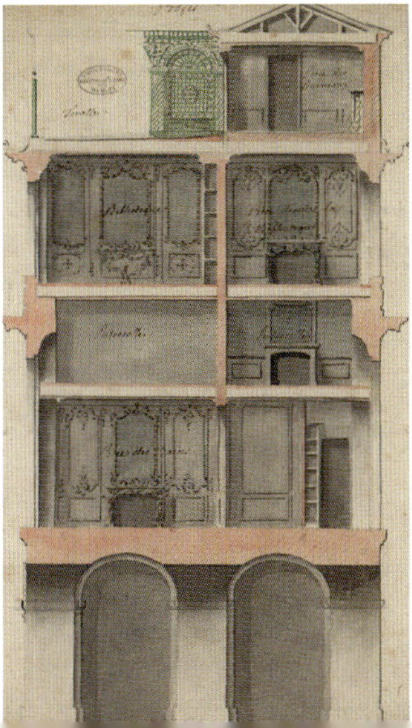

été prévu jusqu'en l'an 9999 ! La sphère de cristal qui surmonte l'horloge laisse apparaître le mouvement des planètes autour du soleil, mis au point par Caffieri père et fils selon le système de Copernic. Féru de sciences et d'astronomie, Louis XV fait poser sur le parquet de la salle une ligne de bronze symbolisant le méridien de Versailles.
Le roi est surtout très fier de faire la démonstration des prouesses mécaniques de sa pendule qui surpasse tous les artifices des horloges à automates. Mais ceux qui ont fixé le plus longuement ce cadran sont sans doute les huissiers et le premier valet de chambre du roi qui doivent se tenir ici à disposition toute la journée...

LA PETITE BOUCHE DU ROI

Les cuisines de la cour de la Bouche, au retour de l'aile du Midi (cf. p. 148), assurent le service des cérémonies, comme celle du grand couvert qui se tient traditionnellement tous les soirs à vingt-deux heures dans l'antichambre du Grand Appartement de la Reine (55) ou dans celle de l'appartement du Roi (43). Sous le règne de Louis XV, le rituel n'est toutefois maintenu que le dimanche et les jours de fête, ce qui n'empêche pas le roi de recevoir en semaine dans ses appartements privés. Il dispose à cette fin de cuisines particulières au troisième étage de son Petit Appartement. Dès 1728, Louis XV les équipe de réchauds-potagers, d'une hotte pour la rôtisserie et d'un four. Le roi se prépare des omelettes, fabrique des confitures, distille et s'exerce à

← Datée de 1732, cette coupe du corps de bâtiment entre la cour des Cerfs et la petite cour du Roi est une des rares représentations des premières installations du Petit Appartement du Roi : au deuxième étage, on distingue une bibliothèque qui sera remplacée en 1738 par la salle à manger d'hiver (101) ; au troisième, la coupe révèle la salle des fourneaux des cuisines ouvrant sur la terrasse de la salle à manger d'été. Au premier, l'étage de l'appartement intérieur, l'actuelle salle à manger des retours de chasse (70) était encore à cette date le cabinet des Bains alimenté à l'entresol par des cuves.

Dating from 1732, this cross-section of the part of the building between the Courtyard of the Stags and the King's Small Courtyard is one of the rare traces showing how the King's Small Apartment was initially organized: on the third floor was a library that was replaced in 1738 by the winter dining room (101); on the fourth floor, the kitchens' oven room opened onto the terrace of the summer dining room. On the second floor, the floor on which the interior apartments were located, the current "Return from the Hunt" dining room (70) was at that time the bathroom supplied by tanks on the entresol.

↑ Salle à manger d'hiver 101 du Petit Appartement du Roi créée en 1738, partie intégrante des appartements intérieurs concédés à la dauphine en 1765, puis à madame Du Barry en 1769.

Winter dining room 101 of the King's Small Apartment, created in 1738 and located within the interior apartments granted to the dauphine in 1765, then to Madame Du Barry in 1769.

l'art de la pâtisserie avec l'officier en chef Louis-Joseph Lazur, lequel jouit d'un petit logis attenant. Laboratoires de préparation et salle à manger d'été s'ouvrent sur des terrasses décorées de treillages et agrémentées de volières qui forment un véritable jardin suspendu (cf. p. 200). Les soupers du Petit Appartement du Roi sont moins réguliers que ceux de l'appartement intérieur du Roi à l'étage noble, et restent d'autant plus mystérieux que leurs participants n'en révèlent pas grand-chose. Si la salle à manger d'été du troisième étage a disparu, tout comme les terrasses, demeure, au second, la salle à manger d'hiver 101. Concédé par Louis XV, à Noël 1765, à sa belle-fille Marie-Josèphe de Saxe (cf. p. 202), le deuxième étage trouve une nouvelle maîtresse en 1769 en la personne de la dernière favorite royale, madame Du Barry, et reste, depuis lors, attaché à son nom (cf. p. 208).

La cave du Roi

Pour le service des soupers privés, le vin est conservé à cet effet dans le sous-sol de la petite cour du Roi 31. Les caves principales se trouvent à Sèvres où

took place every evening at 10 p.m. in the antechamber of the Queen's Grand Apartment 55 or that of the King's Apartment 43. During Louis XV's reign however, the ritual was only maintained on Sundays and festival days, which did not prevent the king from receiving visitors in his private apartments during the week. For this purpose, private kitchens were set up on the fourth floor of his Small Apartment. As of 1728, Louis XV equipped them with coal-heated stoves, an exhaust for the rotisserie, and an oven. The king would prepare his own omelets, make jams, distill wines, and try his hand at pastry-making with his chef-pâtissier Louis-Joseph Lazur who had small adjoining quarters. Cooking labs and a summer dining room opened onto terraces decorated with trellises and aviaries that formed a genuine hanging garden (cf. p. 200). Suppers were held less regularly in the King's Small Apartment than

→ Entrée de la cave du Roi ㉛.
Entrance to the king's cellar ㉛.

in the king's interior apartments on the *bel étage*, and remained all the more mysterious as participants divulged little about them. While the summer dining room and the terraces on the fourth floor have disappeared, the winter dining room ⑩① on the third floor has survived. Handed over by Louis XV, at Christmas in 1765, to his daughter-in-law Marie-Josèphe de Saxe (cf. p. 202), the third floor found a new occupant in 1769 when it was conferred to the new royal mistress, Madame Du Barry, and would remain attached to her name from then on (cf. p. 208).

The king's cellar
Wine intended to be served at private suppers was stored in the King's Small Court ㉛. The main cellar was located in Sèvres where over 50,000 bottles were kept to age before being transported to the Grand Commun. Champagne made up the bulk of the reserves managed by the king's Bouche department, even if, as pointed out by the Duke of Luynes in his *Mémoires*, Louis XV stopped drinking from 1737 onwards. The royal dining table nevertheless continued to be abundantly supplied. The inventory from 1782 reveals the importance of vintages from Burgundy, Languedoc, Vauvert, Frontignan, Graves, Sauternes, and Chablis. Fronsac wine was frequently served to the cavaliers sharing the king's dining table.

vieillissent plus de 50 000 bouteilles. Elles sont ensuite transportées au Grand Commun. Le vin de Champagne constitue la plus importante part des réserves gérées par les services de la Bouche du roi, même si, comme le rappellent les *Mémoires* du duc de Luynes, Louis XV n'en boit plus à partir de 1737. Ses tables continuent toutefois d'en être abondamment pourvues. L'inventaire de 1782 révèle l'importance des crus de Bourgogne ou du Languedoc, de Vauvert, de Frontignan, de Graves, de Sauternes, de Chablis. Le vin de Fronsac est très souvent servi aux cavaliers partageant la table du roi.

LA GRANDE BOUCHE DU ROI

Après la Maison militaire, c'est la Bouche du roi, avec sept cents personnes environ, qui regroupe le plus d'officiers et de personnel. L'effectif est stable jusqu'en 1780, quand Louis XVI s'emploie à réformer la Bouche pour faire des économies. Elle se divise en quatre offices, dont deux spécifiquement dédiés à la table du roi : le Gobelet et la Cuisine-Bouche. Le premier comprend la paneterie (en charge du dressage du couvert, du pain, du sel, du linge de table et des fruits) et l'échansonnerie (service de l'eau, des vins, des liqueurs et des glaces). Le deuxième est constitué d'écuyers, de chefs cuisiniers qui servent alternativement par semestre et qui commandent les maîtres queux (spécialistes des entrées), les potagers (sauces), les pâtissiers (pâtes, tourtes et feuilletés), les verduriers (salades et légumes), eux-mêmes assistés de près d'une quarantaine de « galopins », les garçons des cuisines.

Ces deux offices doivent être proches des Grands Appartement royaux, tout en demeurant éloignés en raison des risques d'incendie ; ils sont donc installés au rez-de-chaussée de la première cour intérieure de l'aile du Midi, facilement accessible par l'escalier des Princes, tandis que les étages sur cour logent les principaux officiers. Deux cours coexistaient en fait autrefois, la salle des séances du Congrès ayant pris la place, au XIXe siècle, de la cour de la Bouche de la reine,

THE KING'S GRANDE BOUCHE

Following the Military Household, it was the catering department, the Bouche, consisting of around seven hundred persons, that assembled the most officers and personnel. Staff numbers remained constant until 1780 when Louis XVI went about reforming the department to make savings. The Bouche was divided into four divisions, two of them being specifically devoted to the king's table: the Goblet and the Kitchen. The Goblet encompassed the *paneterie* (in charge of table setting, bread, salt, table linen and fruits) and the *échansonnerie* (serving of water, wine,

↓ Coupe du pavillon d'Orléans et de l'escalier des Princes par lequel le cortège de la Bouche du roi regagnait les grands appartements royaux (réalisée en 1836 avant les travaux de Louis-Philippe).

Cross-section of the Orléans Pavilion and the Princes' Staircase used by the cortege of from the King's Bouche to access the royal Grand Apartments (drawn in 1838 before Louis-Philippe's renovations).

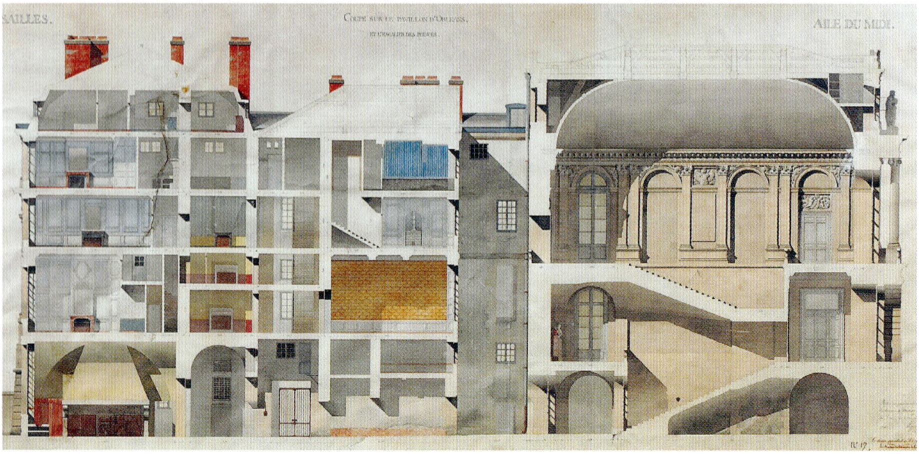

→ Les anciennes rôtisseries et les cuisines du Grand Commun (en charge des tables des officiers de la famille royale), familièrement baptisées l'« Enfer » en raison de leurs dix-sept feux de cuisson.
The former rotisseries and kitchen in the Grand Commun (in charge of the tables of officers to the royal family), familiarly known as "Hell" due to its seventeen cooking pits.

↘ Anciennes cuisines du Grand Commun.
The Grand Commun's former kitchens.

liqueurs and ice creams). Meanwhile, the Kitchen was made up of *écuyers*, master chefs who served during quarter-long stints and oversaw chefs specializing in starters (*maîtres queux*), sauces (*potagers*), pastries, pies and tarts (*pâtissiers*), salads and vegetables (*verduriers*), who themselves were assisted by close to forty kitchen boys.
As these two divisions had to be close to the royal Grand Apartments while keeping a distance due to the risk of fire, they were set up on the ground floor around the first internal courtyard in the South Wing, easily accessed by the Princes' Staircase while the floors overlooking the courtyard accommodated the principal officers. There were in fact once two courtyards, but the Congress' session room replaced, in the 19th century, the courtyard of the queen's Bouche, a specific and independent entity gathering nearly one hundred and fifty officers under a First Maître d'Hôtel. When the sovereigns dined in public at the *grand couvert*, service on either side of the table shared by the king and queen was distinct.

organisme spécifique et détaché... regroupant près de cent cinquante officiers sous la direction d'un premier maître d'hôtel. Au grand couvert, les services des deux côtés de la table que partagent le roi et la reine sont d'ailleurs distincts.
De façon générale, c'est la Bouche du roi qui assure le service des tables d'honneur des ministres, du grand chambellan de France, du grand maître de France ainsi que des ambassadeurs. Elles dépendent du Petit Commun logé dans la cour de la Bouche du roi, côté rue. Au-delà de l'actuelle rue de l'Indépendance-Américaine, le Grand Commun regroupe en son rez-de-chaussée tous ceux en charge des tables des officiers au service de la famille royale, tandis que les étages sont réservés à leur logement.

↑ Ancien salon de l'appartement du marquis de Livry (premier maître d'hôtel du roi à partir de 1760), situé au premier étage de la cour de la Bouche du roi.

The former salon in the apartment of the Marquis of Livry (the king's First Maître d'Hôtel from 1760 onwards), located on the second floor of the Courtyard of the King's Bouche.

Le grand maître de France dirige la Bouche du roi, charge honorifique détenue de Louis XIV à Louis XVI par les princes de Bourbon-Condé. Avec le grand panetier, le premier écuyer tranchant et le grand échanson, le grand maître de France préside les cérémonies importantes. Le grand et le petit couvert du roi sont toutefois le plus souvent du ressort du premier maître d'hôtel (le marquis de Livry à partir de 1760). Avec ses contrôleurs, il remplit la réalité des fonctions administratives quotidiennes. C'est lui qui dirige les douze maîtres d'hôtel officiant par quartier, les trente-six gentilshommes servants du grand panetier, du premier écuyer tranchant et du grand échanson, les huissiers de la salle, les clercs de cuisine qui portent plats et nef de table, ainsi que les archers fermant la marche du cortège.

→ Récemment restaurée et remeublée, l'antichambre du Grand Appartement de la Reine (55) présente le décor du grand couvert en usage du temps de Louis XIV. Les services se font ici en musique et au rythme du bâton du maître d'hôtel qui précède chaque nouveau cortège des officiers de la Bouche, dont le va-et-vient constitue en lui-même un spectacle.

Recently restored and refurbished, the antechamber of the Queen's Grand Apartment (55) displays the grand couvert finery that was used at the time of Louis XIV. Service took place to the sound of music and the tapping of the maître d'hôtel's baton that preceded every new procession of Bouche officers— a spectacle in themselves.

Generally speaking, it was the king's Bouche that looked after service for the head tables of ministers, the Grand Chamberlain of France, the Grand Master of France, as well as ambassadors. These tables were the responsibility of the Petit Commun housed in the Courtyard of the King's Bouche, roadside. Meanwhile, on the present-day Rue de l'Indépendance-Américaine, the Grand Commun assembled, on its ground floor, all services in charge of the tables of officers serving the royal family, while the upper floors were reserved for their lodgings.
The king's Bouche was supervised by the Grand Master of France, an honorific office held, from the time of Louis XIV to that of Louis XVI, by the Princes of Bourbon-Condé. Along with the Grand Breadmaster, the First Carving Squire and the Grand Wine Server, the Grand Master of France presided over important ceremonies. On a more everyday basis, the king's *petit* and *grand couvert* were entrusted to the First Maître d'Hôtel (the Marquis of Livry under Louis XVI). Aided by inspectors, this staff member was the one who carried out daily administrative tasks. He was also in charge of the twelve maîtres d'hôtel on service each quarter, the thirty-six gentlemen servants aiding the Grand Breadmaster, the First Carving Squire and the Grand Wine Server, the ushers, the kitchen clerks who carried dishes and table ornaments, as well as the archers who brought up the rear of the procession.

THE "NEW ROOMS" IN THE INTERIOR APARTMENTS

The Ambassadors' Staircase—which, at the time of Louis XIV, gave access to the King's Grand Apartment via the Venus Room ㊽—was destroyed in 1752 to make room for the new quarters of Madame Adélaïde and Madame de Pompadour (cf. p. 130). In 1769, when Madame Du Barry was assigned the first level of the King's Small Apartment (cf. p. 208), Louis XV had no choice but to recuperate his daughter's quarters on the *bel étage*. The extension of the king's interior apartments by six rooms enabled new reception rooms to be established. Four of these were annexed to the King's Grand Apartment for soirées. Courtiers were let in from the Venus Room, passing through a vestibule called the "New Rooms" ㊾ where buffets were set up for those not granted the privilege of being seated at the dining table: the billiard table there would be covered by an oak board presenting victuals concocted by the king's Petite Bouche (cf. p. 145). The royal supper was served in the Porcelain Dining Room ⑳ where four windows overlooked the Royal Courtyard. Under Louis XVI and Marie-Antoinette, the weekly social dinner gathering some forty guests became an institution, and every Christmas, the king organized in the room an exhibition of the finest porcelains produced by the Manufacture de Sèvres in the past year. Dinner concluded in the Games Room ㉑ and in the

LES « SALLES NEUVES » DE L'APPARTEMENT INTÉRIEUR

L'escalier des Ambassadeurs – qui donnait accès, au temps de Louis XIV, au Grand Appartement du Roi par le salon de Vénus ㊽ – fut détruit en 1752 pour établir les nouveaux logements de Madame Adélaïde et de madame de Pompadour (cf. p. 130). En 1769, avec l'attribution à madame Du Barry du premier niveau du Petit Appartement du Roi (cf. p. 208), Louis XV n'a d'autre choix que de récupérer le logis de sa fille à l'étage noble. Cette extension de six pièces de l'appartement intérieur du Roi permet d'aménager de nouvelles salles de réception. Quatre d'entre elles fonctionnent dorénavant comme une annexe du Grand Appartement du Roi pour les soirées d'appartement.

← Porte d'entrée des « salles neuves » de l'appartement intérieur du Roi depuis le salon de Vénus ㊽ du Grand Appartement du Roi.
Entrance door to the "New Rooms" in the king's interior apartments from the Venus Room ㊽ in the King's Grand Apartment.

↓ Les lambris blancs du vestibule des « salles neuves » de l'appartement intérieur du Roi ㊾, ont été transformés sous Louis-Philippe Ier. Sur un billard était dressé le buffet pour tous les courtisans non admis à la table à manger de la famille royale.
The white paneling of the vestibule of the "New Rooms" in the king's interior apartments ㊾ was renewed under Louis-Philippe I. Buffets were set up on a billiard table for all courtiers not admitted to the royal family's dining table.

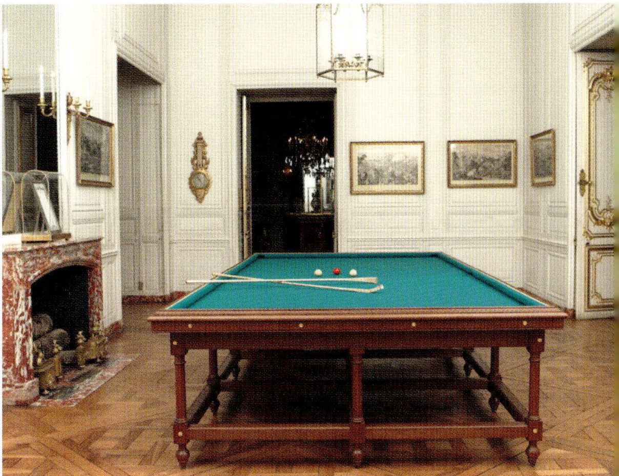

↑→ Salle à manger des Porcelaines 80 (en haut) et salon des Jeux 81 (en bas), pièces de réception des « salles neuves » de l'appartement intérieur du Roi.

Porcelain Dining Room 80 (above) and Games Room 81 (below), reception rooms among the "New Rooms" in the king's interior apartments.

Les courtisans sont introduits depuis le salon de Vénus par un vestibule, où l'on dresse le buffet pour tous ceux qui n'ont pas le privilège de manger assis à table : le billard qui s'y trouvait se voyait recouvert d'un plancher en chêne sur lequel étaient disposées les victuailles venues de la Petite Bouche du roi (cf. p. 145). Le souper royal est servi dans la salle à manger dite des Porcelaines 80 ouvrant par quatre fenêtres sur la Cour royale. Sous Louis XVI et Marie-Antoinette, le dîner de société hebdomadaire réunissant une quarantaine d'invités devient une institution et, chaque année, le roi y organise à Noël une exposition des plus belles porcelaines produites par la manufacture de Sèvres durant l'année écoulée.

vestibule where the billiard table used for the buffets was cleared. Under Louis XV, the first games room was located where the library 78 currently stands (cf. p. 168). Its replacement, created by Louis XVI, conserves a majority of its furniture, including nineteen of the thirty chairs for card and backgammon tables. The atmosphere was less tense than in the Peace Room 58 of the Queen's Grand Apartment where faro sessions kept Marie-Antoinette up late. This card game, purely reliant on luck, drove cold-blooded players to put up insane sums of money.

Le dîner se clôt dans le salon des Jeux 81 et dans le vestibule où le billard utilisé pour le buffet est desservi. Sous Louis XV, la première pièce des jeux des « salles neuves » se situe à l'emplacement de l'actuelle bibliothèque 78 (cf. p. 168). Le nouveau salon des Jeux créé par Louis XVI pour la remplacer conserve la majorité de son mobilier, dont dix-neuf des trente chaises des tables de cartes et de trictrac. L'atmosphère y est moins électrique qu'au salon de la Paix 53 du Grand Appartement de la Reine, où Marie-Antoinette tient son jeu jusque tard dans la nuit, au rythme des parties de pharaon, un jeu de cartes de pur hasard où les joueurs au sang froid engagent des sommes folles.

L'espace du travail souverain
The sovereign's workspace

Quotidiennement, entre dix-neuf et vingt et une heures, le roi s'entretient en délibération secrète avec ses ministres et secrétaires d'État dans le cabinet du Conseil ㊻. Les mardis sont consacrés aux finances et au commerce. Les jeudis aux questions religieuses. Les mercredis et dimanches, le Conseil traite de politique étrangère et militaire tandis que les samedis sont réservés aux affaires intérieures. Les personnes appelées à siéger sont prévenues par les huissiers du Cabinet du roi de l'heure fixée par le monarque. Si le roi accorde des audiences individuelles pour l'étude d'un dossier, elles ont le plus souvent pour cadre le cabinet d'angle de l'appartement intérieur du Roi ⑬. Les serviteurs de l'État y pénètrent, comme les invités, par le degré du Roi et font antichambre dans le cabinet de la Pendule ⑫. Ces réunions hebdomadaires en tête-à-tête, en dehors du Conseil, sont appelées « le travail du Roi » ou « la liasse ».

→ Cabinet d'angle de l'appartement intérieur du Roi ⑬ et secrétaire sécurisé de Louis XV livré par Riesener en 1769.

Corner cabinet in the king's interior apartments ⑬ and Louis XV's lockable writing desk delivered by Riesener in 1769.

Every day, between 7 p.m. and 9 p.m., the king held secret deliberations with his ministers and secretaries of State in the Cabinet of the Council ㊻. Tuesdays were devoted to finance and trade, Thursdays to religious matters, Wednesdays and Sundays to foreign policy and military issues, while Saturdays were for internal affairs. The persons summoned to sit were given notice of the time scheduled by the monarch by ushers from the King's Cabinet. If the king granted personal appointments to examine a case, they were most frequently held in the corner cabinet in the king's interior apartments ⑬. Public servants and guests alike would enter the room via the King's Staircase, waiting their turn to be called into the Clock Room ⑫. These weekly tête-à-têtes, outside of the Council, were called

"the king's work" or the *liasse* (literally, "bundle of papers").

THE KING'S SECRET

The Duke of Luynes remarked that the king would "almost always" stay in the work room of his interior apartments ⓻③ where two windows overlooking the Marble Courtyard allowed him to observe the changing over of guards. To ensure that his papers were safe, Louis XV ordered, in 1760 from the cabinetmaker Œben, a revolutionary roll-top writing desk that was no less than a strong-box. This immaculately made piece would not be completed and delivered until 1769, by Riesener who replaced Œben after his death. The desk's mechanics were exceptional: a quarter turn of a key was enough to simultaneously release or block the roll top and the drawers. Paper and ink were restocked through a hatch that was impossible to force open.
The work room was connected by a door to a rear room ⓻④ nicknamed the "Black Room," where the king would shut himself up to pore over the reports of the secret agents that he kept overseas. This was the seat of the "King's Secret," the place where the king drew up instructions for the underground diplomatic service that, from the 1740s onwards, served alongside the official one. Employing around thirty agents including the well-known Knight of Éon, the network was only uncovered a few days prior to the death of Louis XV, in May 1774. The

LE SECRET DU ROI

Le duc de Luynes remarque que le roi se tient « presque toujours » dans son cabinet de l'appartement intérieur ⓻③ où, par les deux fenêtres ouvrant sur la cour de Marbre et la Cour royale, il peut observer la relève des gardes. Pour assurer la sécurité de ses papiers, Louis XV commande en 1760 à l'ébéniste Œben un secrétaire révolutionnaire qui est un véritable coffre-fort. D'une facture exceptionnelle, le meuble ne fut achevé et livré qu'en 1769 par Riesener – qui avait remplacé le premier artisan à sa mort. La mécanique est hors du commun : un seul quart de tour de clef permet en effet de libérer ou de bloquer à la fois l'abattant du cylindre et tous les tiroirs. Les recharges de papier et d'encre sont introduites par une trappe impossible à forcer.
La pièce communique par une porte avec un arrière-cabinet ⓻④, surnommé le Cabinet noir, où le roi s'enferme pour dépouiller les rapports des agents secrets qu'il entretient à l'étranger sur sa cassette personnelle. C'est dans ce lieu du « Secret du roi » que le souverain rédige ses instructions et que s'élabore, dès les années 1740, une diplomatie parallèle. Ce réseau emploie une trentaine d'agents dont le célèbre chevalier d'Éon et n'a été découvert que quelques jours avant la mort de Louis XV, en mai 1774. Les seuls à avoir été invités dans cette pièce discrète sont le prince de Conti, cousin du roi, le savant Jean-Pierre Tercier, et le comte de Broglie, qui ont successivement dirigé les services secrets.
Louis XVI dissout le service tout en maintenant une politique de l'ombre, soutenant par exemple les insurgés américains via la compagnie factice de commerce Rodrigue Hortalez créée par Beaumarchais. La pièce devient alors celle où le roi traite sa correspondance, d'où son appellation de cabinet des Dépêches. On peut toujours y admirer une petite vitrine exécutée par Riesener abritant les montres personnelles de Louis XVI.

← Arrière-cabinet de l'appartement intérieur du Roi ⓻④, surnommé le Cabinet noir, siège de la diplomatie secrète de Louis XV, devenu le cabinet des Dépêches sous Louis XVI.

Rear room of the king's interior apartments ⓻④, nicknamed the "Black Room," the seat of Louis XV's secret diplomacy, that became the Dispatch Room under Louis XVI.

← Ancien cabinet de la chaise aménagé pour Louis XV et attenant au Cabinet noir. Y sont conservés la chaise d'affaires de la Garde-robe du roi à Choisy (château à proximité de la forêt de Sénart où le roi aime aller chasser), et un bidet en bois de rose livré en 1751 pour madame de Pompadour à Bellevue (résidence offerte à la favorite en 1749).

Former commode room (74) fitted for Louis XV, adjoining the Black Room. It now holds the commode from the king's wardrobe room in Choisy (a palace near the forest of Sénart where the king enjoyed hunting) and a rosewood bidet delivered in 1751 for Madame de Pompadour in Bellevue (the residence given to the mistress in 1749).

LÉGENDAIRE CONFESSIONNAL

Une petite pièce ajourée de l'arrière-cabinet (74) conserve une chaise percée (ou chaise d'affaires) ayant appartenu à Louis XV, ainsi qu'un bidet en bois de rose livré en 1751 pour madame de Pompadour. L'endroit est séparé de la petite cour du Roi par une pièce minuscule ; le jour y parvient par une porte de communication condamnée dont la partie supérieure est vitrée. Le premier bibliothécaire de Louis-Philippe, qui s'efforçait de retrouver les usages des lieux, imagina ici le confessionnal de Louis XIV et du père de La Chaise, la vitre permettant au garde du corps de surveiller l'entrevue. Il s'agit en fait de

only persons ever invited into this discreet room were the Prince of Conti, cousin of the king, scientist Jean-Pierre Tercier, and the Count of Broglie, the successive heads of the sovereign's secret services.
Louis XVI dissolved the service while maintaining undercover political activities, for example by supporting anti-England rebels in America via a fictitious trade company Rodrigue Hortalez created by Beaumarchais. The "Black Room" was thereon used by the king for dealing with correspondence, hence its name the Dispatch Room. Today, it exhibits a small display case manufactured by Riesener that holds Louis XVI's watches.

Legendary confessional

A small enclosure in the rear room (74) conserves a commode or *chaise d'affaires* (literally, "chair for business") formerly belonging to Louis XV as well as a rosewood bidet delivered in 1751 for Madame de Pompadour. Separated from the King's Small Courtyard Cellar by a tiny room, daylight filtered in through an unused door whose upper section was in glass. In an attempt to work out how the spaces were formerly used, Louis-Philippe's First Librarian suggested that it was Louis XIV's confessional whose window enabled bodyguards to monitor the king's confessions to Father de la Chaise. The space was in fact the former entrance to Louis XV's rear room from the landing of the King's Staircase before its extension to the third floor (cf. p. 202). The door was sealed off in 1766. In all likelihood, Louis XV was already no longer using the commode at that time, but one of the very first hydraulic commodes that he had installed in a small room on the eastern return of the King's Small Courtyard . In his *Souvenirs d'un page de la cour de Louis XVI*, the Count of Hézecques mentions this commode that apparently resembled that of Louis-Philippe, with an acacia seat and a lid. Under Louis XVI, the hydraulic-commode room 75 was not connected, as is the case today, with the Staircase, a public staircase that at that time was detached from the king's private domain and was used by certain courtiers housed in the castle to access the Richelieu Attic (cf. p. 201). Instead, the king had a private internal staircase (no longer standing) that gave him access to the two floors of the King's Small Apartment.

↑ Cabinet de la chaise hydraulique 75 aménagé pour Louis XVI et attenant au Cabinet noir. Le siège date du séjour du roi Louis-Philippe.

Hydraulic-commode room 75 fitted for Louis XVI adjoining the Black Room. The seat dates from the stay of King Louis-Philippe.

l'ancienne entrée de l'arrière-cabinet de Louis XV depuis le palier du degré du Roi qui n'avait pas encore été prolongé au deuxième étage (cf. p. 202). La porte fut condamnée en 1766. Très certainement, Louis XV n'utilisait déjà plus à cette époque cette chaise d'affaires mais une des toutes premières chaises hydrauliques qu'il fit aménager dans un petit cabinet au retour oriental de la petite cour du Roi. Dans ses *Souvenirs d'un page de la cour de Louis XVI*, le comte d'Hézecques évoque cette chaise à l'anglaise. Elle devait ressembler à celle de Louis-Philippe, avec un siège en acajou à battant. Sous Louis XVI, le cabinet de la chaise hydraulique 75 ne communiquait pas comme aujourd'hui avec le degré d'Épernon, escalier public alors détaché du domaine privé du roi qui permettait à certains courtisans logés sur place de regagner l'attique Richelieu (cf. p. 201). Le roi possédait de son côté un escalier interne privatif le reliait au Petit Appartement du Roi.

LE SALON DU CAFÉ

Entre deux séances de travail, Louis XV puis Louis XVI ont l'habitude de se faire servir leur café dans le Cabinet doré ⑯, attenant à l'arrière-cabinet. C'est aussi la salle d'exposition de la vaisselle d'or, renfermée dans de petits buffets vitrés qui voisinent avec une multitude de meubles précieux ; seul demeure l'extraordinaire médaillier, aux plaques de cire à inclusions de plumes d'oiseaux et d'ailes de papillons, commandé par Louis XVI à l'ébéniste Guillaume Beneman. Les décors sculptés des lambris ne sont pas moins raffinés et recherchés. Avant l'extension de l'appartement intérieur du Roi en 1769 par la création des « salles neuves », la pièce faisait partie de l'espace aménagé par Louis XV pour son aînée Adélaïde... à laquelle il ne refusait rien hormis le mariage (cf. p. 130). C'était là le cabinet intérieur d'une princesse

THE COFFEE ROOM

Between work sessions, Louis XV and Louis XVI would be served coffee in the Golden Cabinet ⑯ adjoining the rear room. This was also the exhibition room for golden dishware, locked up in small glassed buffets next to a rich collection of precious furniture: the sole remaining item is the extraordinary coin cabinet displaying bird feathers and butterfly wings attached to wax sheets, ordered by Louis XVI from the cabinetmaker Guillaume Beneman. The sculptured paneling is no less exquisitely refined. Before the extension

←↓ Cabinet doré de l'appartement intérieur du Roi ⑯ où le souverain prend son café entre deux séances de travail. Ce salon communique par des portes dissimulées dans les boiseries avec l'arrière-cabinet ⑭ et le très-arrière-cabinet ⑰.

Golden Cabinet in the king's interior apartments ⑯ where the sovereign would have coffee breaks. This room is connected, by doors hidden in the woodwork, to the rear room ⑭ and the far-rear room ⑰.

of the king's interior apartments in 1769 by the creation of the "New Rooms," this room belonged to the space refurbished by Louis XV for his daughter Adélaïde... to whom he refused nothing except marriage (cf. p. 130). The princess left her mark on this inner room: trophies of musical instruments on the paneling were a nod to her musical talent. Beaumarchais began his career in this room in 1759 as a harp teacher, and it was certainly here that the young Mozart played the harpsichord for the royal family between Christmas 1763 and New Year's Day 1764.

qui y a laissé sa marque : les trophées d'instruments de musique des panneaux de lambris témoignent encore de son talent de mélomane. Beaumarchais y commença sa carrière en tant que professeur de harpe en 1759, et c'est certainement ici que le petit Mozart, entre Noël 1763 et le Jour de l'an 1764, joua du clavecin devant la famille royale.

→ Très-arrière-cabinet de l'appartement intérieur du Roi ⑦⑦ ou cabinet de la Cassette.
Far-rear room of the king's interior apartments ⑦⑦ or the Privy Purse Room.

LE CABINET DE LA CASSETTE

Accessible par une seule porte depuis le Cabinet doré ⑦⑥, le très-arrière-cabinet ⑦⑦ n'est pas le lieu de retraite où l'on a imaginé Louis XVI tenant sa comptabilité personnelle à l'abri des regards. Desservie par un corridor ouvert en 1783, la petite pièce entresolée possédait une entrée discrète depuis le Grand Appartement du Roi. Le personnel qui émargeait au service du roi se présentait auprès de l'intendant de la cassette, dont le bureau se trouvait en entresol au niveau supérieur.

↑ Escalier intérieur du très-arrière-cabinet ⑦⑦ de Louis XVI, ancien cabinet des Bains de Louis XV, donnant accès à l'entresol de service où se situent encore les cuves.

Internal staircase of Louis XVI's far-rear room ⑦⑦, formerly Louis XV's bathroom, leading to the service entresol where the water tanks are still found.

THE PRIVY PURSE ROOM

Accessible via a single door from the Golden Cabinet ⑦⑥, the far-rear room ⑦⑦ was not exactly—as one might imagine—a hiding spot where Louis XVI counted his money away from prying looks. An open corridor led to a small room on the entresol above it in 1783, accessed by a discreet entrance from the King's Grand Apartment. To draw their salaries, the king's staff would present themselves to the steward of the privy purse, whose office was on the upper entresol.
In his *Mémoires*, Monsieur de Séguret, secretary of the king's privy purse from 1782 to 1789 reveals what went on in here: on the first day of the month, the king would be handed, by the guard of the Royal Treasury, a considerable sum of gold enclosed in three bags. The so-called "king's cash" was intended to cover his personal expenses, pensions, bonuses, aids and donations. The king only kept one bag that he administered directly with the secretaries of his privy purse (Coigny, Guinard and Séguret); the remaining two-thirds of the sum were conferred to the First Valet de Chambre (Lorimier de Chamilly, Tourteau de Septeuil, the Baron of Champlost and Thierry de Ville-d'Avray, each serving on a quarterly basis) who was in

Dans ses *Mémoires*, monsieur de Séguret, secrétaire de la cassette du Roi de 1782 à 1789, détaille les opérations : le premier jour du mois, le roi se voit remettre par le garde du Trésor royal une importante somme en or renfermée dans trois sacs. Le « comptant du Roi » est destiné à subvenir à ses dépenses personnelles, pensions, gratifications, secours, aumônes. Le roi ne garde qu'un seul sac qu'il administre directement avec les secrétaires de sa cassette (Coigny, Guinard et Séguret) ; les deux tiers restants de la somme sont confiés aux premiers valets de chambre de quartier (Lorimier de Chamilly, Tourteau de Septeuil, le baron de Champlost et Thierry de Ville-d'Avray) qui ont la charge de la distribution. C'est toutefois le secrétaire de quartier qui tient, en premier lieu, la comptabilité. Il bénéficie d'un petit logement de fonction de deux pièces en entresol, au-dessus du cabinet officiel du roi, où se trouvent d'anciennes cuves. Elles conservent le souvenir de l'ultime cabinet des Bains, que Louis XV avait fait aménager préalablement à l'étage bas. Louis XVI y installa son cabinet de la Cassette.
Les remarquables boiseries de la pièce basse, aux médaillons dorés en plein et bordés de roseaux et de

charge of distribution. It was however the secretary (also engaged on a quarterly basis) who was responsible for accounting, and his role entitled him to modest accommodation above the Privy Purse Room—two entresol rooms, where the old water tanks were housed. These tanks are a memento of the bathroom that Louis XV had previously refurbished on the lower floor before Louis XVI transformed it into his Privy Purse Room.
The remarkable woodwork in the lower room, featuring

↓→ Cuves et cabinet du secrétaire de la cassette du Roi à l'entresol supérieur.
Tanks and office of the secretary of the king's privy purse on the upper entresol.

gilded medallions bordered with reeds and narcissi evoke the pleasures of water: bathing, fishing, hunting aquatic birds and swimming. Singing the joys of the great outdoors, the naïve scenes draw inspiration from many accounts of travel abroad, such as Bougainville's *Voyage autour du monde* (Voyage Around the World), in which the narrator recounted his discovery of the island of Tahiti in 1768.

narcisses, conservent les représentations évoquant les plaisirs de l'eau : le bain, la pêche, la chasse aux oiseaux aquatiques et la nage. Illustrant les joies de la vie au grand air, les scènes naïves tirent leur inspiration des multiples récits de voyages outre-mer, comme le *Voyage autour du monde* de Bougainville, dans lequel l'explorateur narre sa découverte de l'île de Tahiti en 1768.

→ Bibliothèque de l'appartement intérieur du Roi 78.
Library in the king's interior apartments 78.

UN SALON-BIBLIOTHÈQUE

Lors de son accession au trône, en mai 1774, Louis XVI prend possession de l'appartement intérieur du Roi où il n'était entré jusque-là que comme courtisan. La première transformation qu'il opère éclaire le caractère d'un homme discret et timide, porté à se réfugier volontiers dans les livres et l'étude. L'ancien salon des Jeux des « salles neuves » (cf. p. 155) accueillera désormais sa bibliothèque 78. La double porte ouvrant sur la salle à manger des Porcelaines 80 signale toutefois la fonction de réception de cette nouvelle pièce de travail. Car le jeune souverain ne manque en effet pas de place pour ses livres avec la grande bibliothèque des combles 115 et son supplément (cf. p. 188). Homme de science, Louis XVI reçoit ici savants et lettrés, les entretenant des grandes réformes politiques qu'il veut entreprendre. Le salon révèle en particulier sa passion pour la géographie, la cartographie et la marine. On peut y admirer deux globes terrestres et célestes supportés par des atlantes ainsi qu'une table ronde au plateau d'une seule bille de cèdre brésilien de deux mètres dix de diamètre, montée sur vérins, permettant d'étaler des cartes et de régler des instruments de mesure.

Louis XVI reçoit ici, le 29 juin 1785, Jean-François de Galaup, comte de La Pérouse, officier de marine qui vient de s'illustrer dans la guerre d'indépendance des États-Unis. Conseillé par le ministre de la Marine, le maréchal de Castries, le roi entretient La Pérouse sur la préparation de l'expédition d'exploration de l'océan Pacifique. Ce voyage de trois ans autour du monde a pour but de découvrir de nouveaux territoires commerciaux et de compléter les résultats scientifiques du voyage de l'Anglais James Cook dans les domaines géographique, hydrographique, physique, astronomique, minéralogique, botanique et météorologique.

A LIBRARY-SALON

When Louis XVI was crowned in May 1774, he took over the king's interior apartments which, until then, he had only visited as a courtier. The first change that he initiated shed light on his character as a timid, discreet man with a tendency to take refuge in books: the former games room in the "New Rooms" (cf. p. 155) was converted into his library 78. Its double door opening onto the Porcelain Dining Room 80 nonetheless hints that the new workroom was also a place to receive visitors. Indeed, the young sovereign had no real need for extra book space as he already had the large library in the attic 115 and its additions (cf. p. 188). A keen science enthusiast, Louis XVI would receive savants and men of letters to discuss the great political reforms that he wished to implement. The salon highlighted his passion for geography, cartography and sailing in particular. Visitors could admire two terrestrial and celestial globes supported by atlantes, as well as a table for spreading out maps or adjusting measuring instruments, whose round tabletop, 2.10 meters in diameter, was cut from a single piece of Brazilian cedar and mounted on cylinders. Louis XVI received here, on June 29, 1785, Jean-François de Galaup, the Count of La Pérouse, a marine officer who had recently distinguished himself in the American War of Independence. Acting upon the advice of the Secretary of State for the Navy, the Marshal of Castries, the king

supported La Pérouse in his preparations to explore the Pacific Ocean. The aim of this three-year expedition around the world was to discover new trade territories and to flesh out the scientific findings gleaned during the voyage of Englishman James Cook in the areas of geography, hydrography, physics, astronomy, mineralogy, botany and meteorology. The explorers were due to return to France in the summer of 1789, but in March 1788, the court had no news of La Pérouse after his stopover in Australia. Legend has it that just before Louis XVI stepped up onto the scaffold to be executed, he spared a thought for the missing sailors. It was only in 1826 that the French shipwreck remains were discovered in Vanikoro, in the middle of the South Pacific.

Le retour en France des explorateurs est prévu à l'été 1789 mais, à partir de mars 1788, la cour reste sans nouvelles de La Pérouse après son escale en Australie. La légende veut qu'avant de gravir l'escalier de l'échafaud, une des dernières phrases de Louis XVI ait été pour les marins disparus. Ce n'est qu'en 1826 que l'on retrouvera la trace des épaves naufragées, à Vanikoro, au milieu du Pacifique sud.

↑ *Louis XVI donnant ses instructions au capitaine de vaisseau La Pérouse*, par Nicolas André Monsiau (1817).

Louis XVI Giving Instructions to Captain La Pérouse *by Nicolas André Monsiau (1817).*

Les dépendances de la chambre du Roi

The annexes of the King's Chamber

Le 15 juin 1722, Louis XV n'est encore qu'un enfant quand il revient au château de Versailles. Nul n'imagine qu'il puisse dormir ailleurs que dans la chambre de Louis XIV, au centre du château (cf. p. 118). Le sommeil du souverain règle la vie de cour et libère les courtisans de leur service. Plus encore que le mouvement du soleil, la vie cérémonielle de cette chambre d'apparat détermine « les limites des jours et des nuits de Versailles ». Toutefois, à l'approche de la trentaine, Louis XV retarde ce lever que Louis XIV fixait immuablement entre sept heures trente et huit heures. L'hiver, la pièce de dix mètres sous plafond est bien froide aux aurores...

LA NOUVELLE CHAMBRE À COUCHER AU MIDI

En 1738, à l'âge de vingt-huit ans, Louis XV peut enfin s'installer dans une nouvelle chambre 82 aménagée sur le retour nord de la cour de Marbre, une belle pièce, basse de plafond mais lumineuse avec ses deux fenêtres ouvertes au midi, décorée de lambris dorés

→ Porte de la chambre à coucher de l'appartement intérieur du Roi 82 ouvrant sur le cabinet du Conseil 46.
Door of the chamber in the king's interior apartments 82 leading to the Cabinet of the Council 46.

When Louis XV returned to Versailles on June 15, 1722 after several years in Paris, he was still a child, but no one imagined him sleeping anywhere but the Chamber of Louis XIV at the center of the palace (cf. p. 118). Royal slumber dictated courtly life and freed courtiers from service. Even more than the movements of the sun outside, the ceremonies performed in this official chamber defined "the limit between day and night at Versailles." However, when he was around thirty, Louis XV introduced a later start for the rising ceremony that under Louis XIV immutably took place between seven-thirty and eight o'clock. In winter, the ten-meter-high chamber got pretty chilly at dawn...

THE NEW CHAMBER FACING SOUTH

In 1738, at the age of twenty-eight, Louis XV was finally able to move into a new chamber 82 set up on the northern corner of the Marble Courtyard, a spacious room

↑ Chambre à coucher de l'appartement intérieur du Roi ❽❷ avec son lit témoin. L'alcôve, autrefois fermée par une balustrade dorée, est tendue d'un lampas broché d'or qui reproduit le dernier « meuble d'été » de Louis XVI.

Chamber in the king's interior apartments ❽❷ with its display bed. The alcove, formerly closed off by a gilded balustrade, is covered with gold-embroidered lampas as was the case during Louis XVI's last summer in Versailles.

finement sculptés sur fond blanc. Jean-Nicolas Dufort de Cheverny, introducteur des ambassadeurs, rapporte : « Le roi, après avoir fait son coucher en public, se relève, passe par son cabinet [du Conseil], entre dans sa vraie chambre, et referme la porte. » Dès lors, la chambre de Louis XIV avec son antichambre courtisane – l'antichambre de l'Œil-de-Bœuf ❹❹ – est réservée au protocole du lever du roi, dont l'heure est progressivement repoussée à... onze heures du matin ! En 1758, Louis XV, lassé de rentrer dans les draps glacés du lit de la chambre de parade, réclame en vain l'installation d'un poêle. On lui concèdera toutefois la pose d'une deuxième cheminée en juin 1761.

La nouvelle chambre de l'appartement intérieur du Roi, aussi privée soit-elle, n'est pas moins solennelle. L'alcôve est séparée du reste de la pièce par une balustrade dorée. En raison de la maladie qu'il a contractée, la petite vérole, fortement contagieuse, c'est bien sur un lit de camp, dressé au milieu de cette pièce, que Louis XV rend son dernier soupir, le 10 mai 1774.

decorated with finely sculpted gilded paneling on a white background. Low-ceilinged though the room was, it was also bright thanks to two south-facing windows. Jean-Nicolas Dufort de Cheverny, introducer of ambassadors, made the following observation: "The king, after his public retiring ceremony, gets up, goes through his Cabinet [of the Council], enters his real chamber, and closes the door." From then on, the Chamber of Louis XIV with its antechamber for receiving courtiers—the Œil-de-Bœuf Antechamber ❹❹—was reserved for the protocol of the rising ceremony that was pushed back until... eleven in the morning! In 1758, Louis XV, tired of slipping between the freezing sheets of the bed of the ceremonial chamber, asked, in vain, for a wood-burner be set up. He was however granted the installation of a second fireplace in June 1761.

Despite the privacy offered by the new chamber in the King's interior apartments, it was no less sober. The alcove was separated from the rest of the room by a gilded balustrade. Due to the highly contagious smallpox that Louis XV contracted, it was on a camp bed set up in the middle of the room that the king breathed his last on May 10, 1774.

→ Porte dérobée de l'alcôve de la chambre à coucher ❽❷ ouvrant sur le cabinet de la Garde-robe ❽❸.

Hidden door in the alcove of the chamber ❽❷ leading to the wardrobe room ❽❸.

↑Cabinet de la Garde-robe 83 derrière l'alcôve de la chambre à coucher de l'appartement intérieur du Roi 82.

The wardrobe room 83 behind the alcove of the chamber in the king's interior apartments 82.

LE STUDIOLO DE L'ALCÔVE

Louis XVI est très matinal. Le plus souvent, il commande le réveil à son premier valet de chambre entre sept et huit heures du matin, même les jours où il ne chasse pas. Il reçoit alors la visite discrète de ses médecins qui s'enquièrent de son humeur et de sa santé. Ce « petit réveil » reste l'affaire de quelques familiers. Après sa toilette, le roi se retire dans le cabinet de la Garde-robe 83, petite pièce dissimulée derrière l'alcôve, pour établir avec le premier gentilhomme ou son premier valet de chambre le programme de la journée et organiser les honneurs du lever officiel.
En 1788, cette petite pièce, à la demande du roi, prend l'allure d'un « studiolo » de travail avec un nouveau décor qui révèle le grand intérêt que Louis XVI porte aux sciences et techniques : outils d'artisanat, de sculpture, instruments de musique, accessoires du peintre et de l'architecte mais aussi du jardinier, étraves de navire, machines de levage et d'expérimentation, instruments de mesure et d'observation, symboles du commerce et de l'industrie... Une machine électrique est même du nombre ! Tous ces objets sont des allégories évoquant les gravures du grand livre du Siècle des lumières qu'est l'*Encyclopédie*.

THE ALCOVE'S *STUDIOLO*

Louis XVI was an early riser who usually asked his First Valet de Chambre to wake him between seven and eight o'clock, even on days when hunting was not scheduled. His doctors would then discreetly drop by to enquire after his health and spirits. This *petit réveil* (small waking ceremony) was reserved to a few intimates. After his toilet, the king would withdraw to the wardrobe room 83, a small room hidden behind the alcove, to settle the day's program with his First Gentleman or his First Valet de Chambre and to make arrangements for the official rising ceremony.
In 1788, at the king's request, this small room was transformed to resemble a *studiolo* or study, with new decoration indicative of

Louis XVI's deep interest in science and technology: tools for craftsmen and sculptors, musical instruments, painting and architectural accessories, but also gardening equipment, bows of ships, machines for lifting and experimentation, measuring and observation instruments, symbols of trade and industry... There was even an electric machine! Together, these objects recalled the engravings in the Enlightenment Age's great contribution to literature: the *Encyclopédie*.

THE MORNING RITUALS

Rising ceremonies that immediately followed the sovereign's actual waking time became a thing of the past during Louis XV's reign.

LES CÉRÉMONIES MATINALES

Le temps où les cérémonies du lever suivaient le réveil réel du souverain s'éloigne au fil du règne de Louis XV. Quelques instants avant l'accomplissement du cérémonial dorénavant fixé à onze heures, le roi sort de ses appartements privés en chemise de nuit, revêtue de nouveau pour prendre place dans le lit de la chambre d'apparat léguée par Louis XIV. Les courtisans font antichambre du côté de l'Œil-de-Bœuf ㊹. La porte s'ouvre aux « entrées familières » du petit lever (les princes du sang), puis aux « grandes entrées » : les titulaires supérieurs – grand chambellan de France, grand maître de la Garde-robe, premier gentilhomme de la Chambre, premiers médecin, chirurgien et apothicaire – et, par faveur, « ceux à qui le roi en concède le privilège ». L'huissier annonce à

↓ Antichambre de l'Œil-de-Bœuf ㊹ précédant la chambre de parade du monarque. C'est dans cette pièce que patientent chaque jour les courtisans pour la cérémonie du lever du roi.

Œil-de-Bœuf Antechamber ㊹ preceding the king's ceremonial chamber. This is the room in which courtiers lined up every day for the king's rising ceremony.

haute voix : « La Garde-robe, Messieurs ! » Le cortège des officiers s'élance alors avec les habits du jour. Le roi s'assied dans son fauteuil au centre de la pièce, en vis-à-vis de sa toilette. Arrivent ensuite les « premières entrées » : grand aumônier, ministres et secrétaires d'État, maréchaux de France, grand veneur, grand louvetier ou grand maître de cérémonie. Les gens de qualité prennent place au premier rang du grand lever tandis que le roi s'apprête à se faire coiffer de sa perruque, habiller de sa chemise, de sa veste, de son justaucorps, de sa cravate et de son épée. Pendant le rituel, les « entrées de la Chambre » sont accordées aux autres officiers présents (le reste de la Faculté et du Cabinet du roi, l'intendant des Menus-Plaisirs, le capitaine des gardes du corps, le premier maître d'hôtel...) ainsi qu'aux cardinaux, ducs, maréchaux ou diplomates qui prennent place au second rang de l'assemblée. On ouvre ensuite à deux battants la porte pour laisser passer le reste de la cour qui assiste, si elle le peut, à la prière du roi. Le souverain annonce en dernier lieu l'heure de la messe et rejoint le cabinet du Conseil ⓯ avec ses secrétaires et quelques ministres pour fixer l'emploi du temps de la journée. Les courtisans refluent vers la galerie des Glaces afin d'attendre le moment où le roi sortira du cabinet pour aller à la messe.

LES OFFICIERS DES GRANDES ENTRÉES

Les services de la Chambre du roi sont sous le gouvernement du grand chambellan de France – depuis Louis XIV, les ducs de Bouillon qui logent au rez-de-chaussée de l'aile du Midi au regard des jardins. Leur charge est essentiellement honorifique et attachée aux grandes cérémonies, dont la logistique est assurée par les Menus-Plaisirs et affaires de la Chambre (une quinzaine d'officiers sous l'intendance d'un contrôleur général, Denis-Pierre-Jean Papillon de La Ferté) ainsi que par la musique de la Chambre. Cette dernière est dirigée par deux surintendants, servant pour six mois (sous Louis XVI, Antoine Dauvergne et Bernard de Bury, lequel est remplacé en 1780 par François Giroust), qui conduisent la « grande bande », les vingt-quatre violons en charge de tous les divertissements de la cour.

Plus quotidiennement, l'institution de la Chambre du roi est dirigée par un des quatre premiers gentils-

A few moments before carrying out the ritual, now scheduled at eleven o'clock, the king would leave his private apartments in a nightgown that he donned once again to take up position in the ceremonial bed handed down by Louis XIV. Courtiers would be waiting next door in the Œil-de-Bœuf Antechamber ⓮. When the door opened, the "familiar entries" of the *petit lever*, made by blood princes, would be followed by the "grand entries" made by the principal officers—the Grand Chamberlain of France, the Grand Master of the Wardrobe, the First Gentleman of the Chamber, the First Doctor, First Surgeon and First Apothecary—and "those to whom the king granted the privilege." A cry of the usher—"The wardrobe, gentlemen!"—would then set off the procession of officers bearing the day's attire. The king sat in the armchair at the center of the room, waiting to be dressed. Next came the "first entries": the Grand Chaplain, ministers and secretaries of the State, marshals of France, the Grand Huntsman, the Grand Wolf Hunter or Grand Master of Ceremony. Those deemed respectable stood in the first row at the public rising ceremony while the king readied himself to have his wig coiffed, and to be dressed in his shirt, jacket, jerkin, cravat and sword. During the ritual, "chamber entries" were granted to other officials (the rest of the Faculté and the King's Cabinet, the intendant of the

Menus-Plaisirs, the captain of the bodyguards, the First Maître d'Hôtel...) as well as to cardinals, dukes, marshals or diplomats who occupied the second row of the assembly. Both door leaves were then opened to let the rest of the court witness the king's prayer. Lastly, the sovereign announced the time of the mass and proceeded into the Cabinet of the Council ㊻ with his secretaries and a few ministers in order to set the day's schedule. The courtiers would then flow out to the Hall of Mirrors to wait until the king left the Cabinet to attend mass.

"Grand entry" officers

Service in the King's Chamber fell under the responsibility of the Grand Chamberlain of France. Ever since Louis XIV, the title was held by the Dukes of Bouillon who lived on the ground floor of the South Wing with a view of the gardens. Their post was essentially honorific and attached to major ceremonies whose logistics were carried out by the department of Menus-Plaisirs and Chamber Affairs (comprising some fifteen officers supervised by a general inspector, Denis-Pierre-Jean Papillon de La Ferté) as well as the Chamber Music division. The latter was managed by two superintendents alternately serving six-month stints (under Louis XVI, Antoine Dauvergne and Bernard de Bury, the latter being replaced in 1780 by François Giroust) who conducted the "big band" of eighty violins in charge of all court

↑ Louis-François-Armand de Vignerot du Plessis, duc de Richelieu (petit-neveu du cardinal de Richelieu, filleul de Louis XIV), peint en 1732 par Jean-Marc Nattier, à l'âge de 36 ans. Il est nommé, en 1744, premier gentilhomme de la Chambre du roi. Célèbre pour ses conquêtes féminines, ami de tous les plaisirs, il s'attache particulièrement l'amitié de Louis XV.

Louis-François-Armand de Vignerot du Plessis, Duke of Richelieu (grand-nephew of the Cardinal of Richelieu, godson of Louis XIV), painted in 1732 by Jean-Marc Nattier, at age thirty-six. In 1744, he was appointed First Gentleman of the King's Chamber. Famous for his female conquests, this pleasure lover was a close friend of Louis XV.

hommes de service annuel : (1) les ducs d'Aumont de Rochebaron et de Villequier, (2) les ducs de Mortemart puis, à partir de 1744, les ducs de Richelieu, (3) les ducs de Thouars puis, à partir de 1741, de Fleury, (4) les ducs de Gesvres puis, à partir de 1757, les ducs de Duras. Chacun dispose d'un logement de fonction indépendant dans l'attique du corps central du château. Ils dirigent ensemble cent quatre-vingt-dix officiers, pages, valets, garçons ordinaires, valets-barbiers, perruquiers, portemanteaux... En leur absence, la Chambre du roi peut se voir conduire par le premier valet : sous Louis XVI, (1) Marc-Antoine Thierry de Ville-d'Avray pour le quartier d'automne, (2) le baron de Champlost pour le quartier d'hiver, (3)

Jean-Baptiste Tourteau de Septeuil au printemps et (4) Claude-Christophe Lorimier de Chamilly en été. La Garde-robe du roi est distincte, placée sous la responsabilité d'un grand maître – les ducs de La Rochefoucauld – qui loge à l'étage noble de l'aile du Midi tandis que ses services sont installés au rez-de-chaussée sous l'appartement du Roi (actuelle librairie). Elle regroupe une trentaine d'officiers et obéit à une organisation hiérarchique comparable, avec ses maîtres, ses premiers valets et valets ordinaires, des garçons de service aux tailleurs, cordonniers et brodeurs. La Faculté regroupe de son côté, sous l'égide des premiers médecin, chirurgien et apothicaire, une trentaine de spécialistes dont les logements se trouvent au retour de l'aile du Midi. Au total, près de trois cent trente officiers sont mobilisés de près ou de loin par le réveil du roi !

LES ARRIÈRE-CABINETS DE LA CHAMBRE DU ROI

Une courte enfilade de pièces intérieures relie le cabinet du Conseil (46) au salon d'Apollon (52), séquence entresolée qu'il est difficile d'imaginer derrière les murs de la galerie des Glaces. Ouvrant sur le balcon de la cour des Cerfs, ces pièces forment les arrière-cabinets de la chambre du Roi, à l'image des coulisses d'une scène de théâtre. Le roi peut à tout moment « apparaître en majesté » dans le cabinet du Conseil ou dans le salon d'Apollon – salle du Trône –, cadre des audiences solennelles.

Le cabinet du Conseil est d'ailleurs annexé, à certaines heures, à la sphère privée. C'est le lieu de passage obligé du souverain pour aller de la nouvelle chambre à coucher aménagée par Louis XV (appartement intérieur du Roi) (82) au cabinet des Bains (84) et au cabinet des Perruques (85). Dans la journée, en l'absence d'un « cabinet à la Poudre », c'est le plus souvent dans ces arrière-cabinets que le roi refait sa toilette au débotté, au retour de la chasse ou lorsqu'il descend de ses cabinets scientifiques (cf. p. 184) par l'escalier semi-circulaire (30).

Louis XVI, qui développe considérablement dans les étages la surface de ses cabinets scientifiques, entrepose dans le cabinet des Perruques ses gravures représentant les canaux et ports de France. Cette dernière

entertainment.

For more regular daily operations, the department of the King's Chamber was directed by one of the four First Gentlemen on service each year: (1) the Dukes of Aumont de Rochebaron and the Dukes of Villequier, (2) the Dukes of Mortemart then, from 1744, the Dukes of Richelieu, (3) the Dukes of Thouars then, from 1741, the Dukes of Fleury, (4) the Dukes of Gesvres then, from 1757, the Dukes of Duras. Each had independent official housing in the attic of the palace's central body. Together, they supervised one hundred and ninety officers, pages, valets, garçons, valet-barbers, wigmakers, coat-bearers... In their absence, the King's Chamber could be taken over by the First Valet: under Louis XVI, (1) Marc-Antoine Thierry de Ville-d'Avray for the fall quarter, (2) the Baron of Champlost in winter, (3) Jean-Baptiste Tourteau de Septeuil in spring and (4) Claude-Christophe Lorimier de Chamilly in summer.

The King's Wardrobe was distinct entity, placed under the responsibility of a Grand Master—the Dukes of La Rochefoucauld—who lived on the *bel étage* of the South Wing while the service was set up on the ground floor under the King's Apartment (current bookshop). It was made up of thirty or so officers and structured according to a similar hierarchy, with masters, first valets and ordinary valets, garçons serving tailors, shoemakers and embroiderers. Meanwhile, the Faculté gathered around thirty specialists under the aegis of the First Doctor, First Surgeon and First Apothecary. A total of nearly three hundred and thirty officers were mobilized one way or another for the rising of the king!

THE REAR ROOMS OF THE KING'S CHAMBER

A short enfilade of inner rooms linked the Cabinet of the Council 46 to the Apollo Room 52—an unlikely succession of entresol rooms standing behind the Hall of Mirrors. Opening onto the balcony of the Courtyard of the Stags, these rear rooms of the King's Chamber were like the wings of a theater. At any moment, the king could "appear in majesty" in the Cabinet of the Council or the Apollo Room—the Throne Room—where formal hearings took place.
The Cabinet of the Council incidentally became an occasional annex to the sovereign's private sphere. The king had to pass through it to get from the new chamber fitted out by Louis XV in the king's interior apartments 82 to the bathroom 84 and the wig room 85. During the day, in the absence of a "powder room," it was very often in these rear rooms that the king quickly refreshed himself, after returning from a hunt or when he came down from his scientific rooms (cf. p. 184) via the semi-circular staircase 30. Louis XVI, who considerably spread out his scientific rooms over the upper floors, stored his engravings representing the ports and canals of France in the wig

↑ Entrée du cabinet des Bains du roi 84 depuis le cabinet du Conseil 46.
Entrance to the king's bathroom 84 from the Cabinet of the Council 46.

pièce devient ainsi un petit cabinet de Géographie. Le corridor, au retour de la cour des Cerfs, parallèle à l'enfilade des salons du Grand Appartement du Roi, en constitue dès lors le prolongement, et est appelé passage des Cartes 86. Le cabinet d'Artillerie, où Louis XVI aurait rangé ses fusils et son matériel de chasse, se trouvait au troisième niveau (cf. p. 189) 114.

↑↓ Le sol dallé de marbre du cabinet des Bains ❽❹ conserve les emplacements des deux baignoires avec, dans les lambris, les sorties des tuyauteries qui conduisent l'eau depuis la pièce des cuves située à l'entresol supérieur (en bas).

The marble-tiled floor of the bathroom ❽❹ keeps a trace of the spots formerly occupied by the two bathtubs. The paneling is interrupted by the outlets of the pipes carrying water from the tank room in the upper entresol (below).

room. The latter room thus became a small geography room. The corridor along one wall of the Courtyard of the Stags, parallel to the enfilade of salons in the King's Grand Apartment, would subsequently become an extension to this geography room and be called the Map Passage (86). The artillery room where Louis XVI is said to have stock his guns and hunting equipment, was on the fourth floor (cf. p. 189) (114).

Post-hunt baths

Louis XV moved his bathroom six times. In 1777, it was relocated to the first of the rear rooms attached to the King's Chamber (84) where it had already been positioned in 1766. Modest, sober and practical in design, the marble-tiled room held two copper bathtubs supplied by double hot and cold water taps linked to reservoirs in the upper entresol where one tank operated as a furnace (a brazier with an air vent to suck up steam). This tank room, along with the adjoining room for bathkeepers, could be accessed by water-bearers via the semi-circular staircase (30).

The presence of two bathtubs suggests that one was used for soaping up and the second for rinsing. Another possibility was that the sovereign could have distinguished a valiant hunter by inviting him to share a bath (a conventional practice for men). Louis XVI would apparently summon the Grand Hunter of France, his cousin the Duke of Penthièvre, to recount his hunting exploits over a remedial soak.

Les bains des retours de chasse

Louis XV déplace à six reprises son cabinet des Bains. Celui-ci retrouve en 1777 son emplacement dans la première pièce des arrière-cabinets de la chambre du Roi (84) où il avait déjà été placé en 1766. La pièce dallée de marbre est modeste, sobre et fonctionnelle. Elle comporte deux baignoires en cuivre positionnées en enfilade, alimentées par des doubles robinets d'eau froide et chaude reliés à des réservoirs situés à l'entresol supérieur, où une cuve fonctionne comme un calorifère (un brasier avec une bouche d'aération pour aspirer les vapeurs). Cette pièce des cuves, avec la pièce des baigneurs-étuvistes attenante, est accessible aux porteurs d'eau par l'escalier semi-circulaire (30).

↓ Détail d'une plaque de la manufacture de Sèvres représentant une chasse à courre royale : Louis XVI donne ses instructions au carrefour du Puits-du-Roi, en forêt de Compiègne. La chasse est une véritable passion pour le monarque qui y consacre en moyenne deux jours par semaine. Louis XVI tient dans son journal un registre des prises et données de sortie, qu'il fait tirer et présenter sous verre chaque 1er janvier. Les cadres sont alors accrochés sur les murs de l'escalier semi-circulaire (30).

Detail from a plate produced by the Manufacture de Sèvres depicting a royal hunt: Louis XVI is shown giving instructions at the Puits-du-Roi crossroads, in the forest of Compiègne. Hunting was a real passion for the monarch who devoted an average of two days a week to the sport. In his diary, Louis XVI kept a register of hunting data that he had printed, framed under glass and presented every January 1. The frames were then hung on the walls of the semi-circular staircase (30).

La présence de deux baignoires laisse imaginer un usage double, une première pour se savonner et une deuxième pour se rincer. Le souverain peut aussi parfois distinguer un valeureux chasseur pour un « bain de compagnie » (conventionnel pour les hommes). Louis XVI y aurait convié le grand veneur de France, son cousin le duc de Penthièvre, pour évoquer les péripéties de la chasse à courre.

← Palier de l'escalier semi-circulaire 30 séparant le cabinet des Bains 84 du cabinet des Perruques 85.

Landing of the semi-circular staircase 30 separating the bathroom 84 and the wig room 85.

↓ Cabinet des Perruques 85 avec ses placards muraux. Au fond, la porte donne directement accès au salon d'Apollon 52.

Wig room 85 lined with wall cupboards. The door at the back opens directly onto the Apollo Room 52.

↑ Salon d'Apollon du Grand Appartement du Roi 52 ou salle du Trône, cadre des audiences solennelles. Outre le célèbre portrait de Louis XIV en costume royal par Rigaud (1701), on peut y admirer celui de Louis XVI par Callet (1779).

Apollo Room in the King's Grand Apartment 52 or Throne Room, a place for formal hearings. Not only can one admire the famous portrait of Louis XIV in royal attire by Rigaud (1701), but also that of Louis XVI by Callet (1779).

→ Corridor intérieur, au retour de la cour des Cerfs, parallèle à l'enfilade des salons du Grand Appartement du Roi (Apollon, Mercure et Mars).

Internal corridor along one side of the Courtyard of the Stags, parallel to the enfilade of salons in the King's Grand Apartment (Apollon, Mercury and Mars).

Les cabinets scientifiques sur la cour des Cerfs

The scientific rooms over the Courtyard of the Stags

Introduit en 1782 dans les cabinets scientifiques de Louis XVI, le duc de Cröy s'étonne d'un « univers rempli de choses très curieuses ». Durant les après-midi où il ne chasse pas, Louis XVI s'enferme dans ses bibliothèques et ateliers articulés sur quatre niveaux autour de l'escalier semi-circulaire 30 pour apprendre par lui-même tout ce qu'il juge utile. Il tire de ses expérimentations et explorations savantes un empirisme qui nourrit sa gouvernance. On découvre ici la personnalité de ce roi souvent raillé à cause de ses activités manuelles…

LES ATELIERS DU DEUXIÈME ÉTAGE

Le cabinet du tour pour le bois 108 renferme à l'époque établis, tours, râteliers et une gamme d'outils servant à fabriquer et à sculpter de petits objets en bois, des manches de couteaux, des coffrets ou toute pièce complexe de mobilier. Les formes arrondies, qui ne peuvent être obtenues qu'en chauffant le bois dans un moule à la vapeur, sont créées dans l'atelier de menuiserie du quatrième niveau (disparu) voisin de la forge (cf. p. 191). La pièce attenante au cabinet du tour, qui

→ Escalier semi-circulaire 30 qui dessert sur trois paliers les cabinets scientifiques de Louis XVI. La pièce du fourneau de la forge, au dernier niveau, lui a donné son surnom de « degré de la Forge ».

Semi-circular staircase 30 giving access to Louis XVI's scientific rooms on three upper floors. The top-floor room with a smithy's furnace inspired its nickname, "the Furnace Staircase."

When he visited Louis XVI's scientific rooms in 1782, the Duke of Cröy was startled to discover a "universe full of extremely curious things." In the afternoons when he did not go hunting, Louis XVI would shut himself away in his libraries and workshops organized over four levels around the semi-circular staircase 30 to educate himself on whatever he judged useful. He injected his empirical approach to scientific experimentation in his style of government. These rooms unveil the personality of a king often decried for his manual activities…

THE THIRD-FLOOR WORKSHOPS

The lathe room 108 held workbenches, lathes, tool racks and a range of tools used to make and shape small wooden objects such as knife handles, caskets or intricate furniture items. Rounded forms that could only be obtained by heating wood in a steam-heated mold were created in the carpentry

←↑ Cabinet de Chimie ⑩⑨ (à gauche) et cabinet du tour pour le bois ⑩⑧ (à droite), au deuxième étage, articulés à l'escalier semi-circulaire ㉚.

Chemistry room ⑩⑨ (left) and lathe room ⑩⑧ (right) on the first leval, accessed by the semi-circular staircase ㉚.

→ Galerie du tour ⑩⑦, dans le prolongement du cabinet du tour pour le bois ⑩⑧. La pièce conserve les armoires murales de la garde-robe de madame Du Barry, qui logea de 1769 à 1774 dans le Petit Appartement du Roi (cf. p. 208).

Lathe Gallery ⑩⑦, an extension of the lathe room ⑩⑧. The room conserves the wall cabinets of Madame Du Barry who stayed in the King's Small Apartment from 1769 to 1774 (cf. p. 208).

possède encore ses aménagements, son carrelage posé en 1780, ses placards muraux de rangement ainsi qu'une calotte d'extraction au-dessus de sa fenêtre centrale, sert de cabinet de Chimie 109 (ou laboratoire). Une vaste tablette de marbre y est utilisée par le roi pour ses expériences. Plus loin, le cabinet du tour ouvre sur une longue galerie inondée de lumière par sept fenêtres. Cette galerie du tour 107 était précédemment utilisée par Louis XV comme galerie de sa bibliothèque. Des armoires murales datent des aménagements réalisés en 1766 pour l'installation de sa belle-fille, Marie-Josèphe de Saxe, qui disposait là d'une garde-robe attachée à son nouvel appartement – qui sera par la suite offert à madame du Barry.

LE NIVEAU DE LA BIBLIOTHÈQUE DES COMBLES

Le troisième étage est l'univers des livres et de l'étude. Agrandie à deux reprises par Louis XVI, la bibliothèque des combles que Louis XV avait aménagée en 1764 devient la grande bibliothèque 115. Bibliophile insatiable, Louis XVI créa en 1785 un supplément de bibliothèque 113, bientôt suivi d'un deuxième dans

workshop on the fifth floor (no longer standing) next to the smithy (cf. p. 191). The adjoining room, still decked out with tiles laid in 1780, wall storage cupboards and an extraction hood above the central window, was used as a chemistry room 109, and held a vast marble slab for the king's experiments. Further along, the lathe room opened onto a long gallery flooded with light thanks to seven windows. The Lathe Gallery 107 was previously used by Louis XV as a gallery for his library. Its wall cabinets date from the refurbishments carried out in 1766 when Louis XV's daughter-in-law Marie-Josèphe de Saxe moved in, and were part of the wardrobe

↓ Grande bibliothèque des combles 115 située au-dessus du cabinet du Conseil 46.
Grand Library 115 in the attic above the Cabinet of the Council 46.

→ Premier supplément de bibliothèque (113) attenant à la grande bibliothèque des combles (115).
First library annex (113) adjoining the Grand Library in the attic (115).

↘ Le cabinet d'Artillerie de Louis XVI (114) fut souvent confondu avec un deuxième supplément de bibliothèque. La pièce dépendait initialement du premier appartement de madame de Pompadour (cf. p. 194) dont elle constituait le cabinet des Bains. Au retour de la cour des Cerfs, elle se prolongeait autrefois par une galerie de physique et de mécanique, où Louis XVI entreposait des réductions des premières machines pneumatiques et électriques.
Louis XVI's artillery room (114) was often mistaken for a second library annex. The room was initially attached to the first apartment of Madame de Pompadour (cf. p. 194) as a bathroom. Along one side of the Courtyard of the Stags, it was once extended by a physics and mechanics gallery where Louis XVI would store models of the first pneumatic and electric machines.

attached to her new apartment—which will be offered later to Madame du Barry.

THE ATTIC-LIBRARY FLOOR

The fourth floor was the universe of books and study. Twice extended by Louis XVI, the library that Louis XV created in the attic in 1764 became the Grand Library (115). With an insatiable love for books, Louis XVI added, in 1785, an annex to the library (113), soon followed up by a second one (no longer standing) in the upper entresol of his Grand Library. These attic libraries housed the personal collection of the king who selected his books from bookseller Pierre Blaizot on Rue de Satory in Versailles. Records indicate that the royal collection comprised over eleven thousand five

l'entresol supérieur de sa grande bibliothèque (aujourd'hui disparu).
Ces bibliothèques situées dans les combles abritent la collection personnelle du roi, qui choisit lui-même ses ouvrages chez le libraire Pierre Blaizot, rue de Satory à Versailles. Les registres dénombrent plus de onze mille cinq cents publications (quand la bibliothèque de Voltaire ne dépasse pas les huit mille), principalement d'histoire, de sciences. Les trente-trois volumes de l'*Encyclopédie* de Diderot et d'Alembert sont en bonne place sur les rayonnages. Les ouvrages et journaux étrangers auxquels le roi est abonné sont également très présents. Louis XVI maîtrise parfaitement l'anglais, assez bien l'espagnol et l'italien, trois langues qu'il a apprises seul, ce qui ne va pas sans surprendre les ambassadeurs. Lecteur assidu des comptes rendus de l'Académie royale des sciences, il suit avec intérêt les travaux de Lavoisier et les études agronomiques de Parmentier ; le souverain favorise d'ailleurs l'introduction

de la pomme de terre en France, allant jusqu'à porter à la cour les fleurs à sa boutonnière. Libéralisation du marché des grains, modernisation de l'agriculture, abolition de la servitude, suppression de la torture dans les procès criminels, édit de tolérance pour les protestants… l'histoire est bien injuste avec ce roi des Lumières. Le plus beau symbole de son appétit scientifique demeure l'expérience d'envol, le 19 septembre 1783, de l'aérostat des frères Montgolfier dans la cour du château jusqu'à cinq cents mètres d'altitude, un exploit renouvelé l'année suivante. En 1788, Louis XVI apporte en visionnaire des financements à la recherche d'applications commerciales à ces machines extraordinaires.

↑ Depuis l'une des fenêtres de la grande bibliothèque des combles (115), ouvrant sur la cour de Marbre, Louis XVI a l'habitude d'observer les allées et venues de sa cour avec une lunette d'approche. Au quatrième étage, il pouvait accéder à un belvédère (aujourd'hui disparu) où il s'adonnait à une savante observation du ciel avec son télescope.

From one of the windows of the Grand Library in the attic (115), overlooking the Marble Courtyard, Louis XVI was in the habit of observing his court's comings and goings with a spyglass. On the fifth floor, he could access a belvedere (no longer standing) where he took to observing the sky with his telescope.

hundred works (whereas Voltaire's library held no more than eight thousand), mainly on history and science. The thirty-three volumes of Diderot and Alembert's *Encyclopédie* figured prominently. Also occupying shelf space were foreign works and journals to which the king subscribed.
Louis XVI had a perfect mastery of English as well as a sound knowledge of Spanish and Italian, having taught himself these three languages through personal study—an accomplishment that did not fail to astound ambassadors. A dedicated reader of reports published by the Royal Academy of Sciences, he followed Lavoisier's chemistry research and Parmentier's agronomical studies with interest. The sovereign was incidentally in favor of introducing the potato to France and went as far as wearing its flowers in his buttonhole at court. The liberalization of the grain market, the modernization of agriculture, the abolition of servitude, the suppression of torture in criminal trials, the Edict of Tolerance for Protestants… History has been somewhat unfair to this king who reflected the Enlightenment age in which he lived. The most striking symbol of Louis XVI's appetite for science remains the experiment on September 19, 1783 when the Montgolfier brothers flew their hot-air balloon over the palace courtyard up to five hundred meters in altitude—an exploit that they repeated the following year. In 1788,

Louis XVI demonstrated his far-sightedness by financing research into commercial applications for these extraordinary flying machines.

THE SMITHY'S FURNACE FLOOR

Louis XVI was fascinated by precision mechanisms that he developed in a locksmithery room, guided by his locksmith François Gamain. He pored over mechanics in an adjoining cabinet, as well as in the smithy's furnace room (still standing). The Baroness of Oberkirch reveals, in her *Mémoires*, her astonishment when she was led, in May 1784, into these scientific rooms by Madame de Mackau, under-governess of the Children of France: "That such a great king can care for such petty things!" The court was astounded by what it heard about the monarch's interest in the manual activities of commoners. But through them, Louis XVI was only seeking the distraction that others found in the arms of mistresses.

LE NIVEAU DU FOURNEAU DE LA FORGE

Avec son maître François Gamain, Louis XVI se passionne pour les mécanismes de précision qu'il développe dans un cabinet de serrurerie. Il s'adonne à la mécanique dans un cabinet attenant, ainsi que dans la pièce du fourneau de la forge (toujours en place). La baronne d'Oberkirch fait part dans ses *Mémoires* de sa surprise quand elle fut introduite, en mai 1784, dans ces cabinets scientifiques par madame de Mackau, sous-gouvernante des Enfants de France : « Un si grand roi s'occuper de si petites choses ! » La cour, pour ce qu'elle put en savoir, s'étonne de l'intérêt royal pour des activités manuelles roturières… Louis XVI n'y cherche que le délassement que d'autres ont trouvé dans les bras de leurs maîtresses.

→ Pièce du fourneau de la forge, seule salle conservée des cabinets scientifiques du roi au quatrième étage. Elle s'articulait autrefois avec un cabinet de serrurerie et un cabinet du tour pour la mécanique et la menuiserie, dont les aménagements ont disparu.

The smithy's furnace room, the only of the king's scientific rooms on the fifth floor to remain standing. It was once connected to a locksmithery room and a lathe room for mechanics and carpentry, whose fittings have disappeared.

L'appartement d'en haut
The upstairs apartment

À la naissance de sa huitième fille, Louise, à l'été 1737, Louis XV est las du secret de sa vie adultérine avec la comtesse de Mailly, fille du marquis de Nesle et dame d'honneur de la reine. Une nouvelle fausse couche de Marie Leszczynska en 1738 précipite la séparation intime du couple royal ; la reine s'en remet aux conseils de ses médecins et se refuse au roi qui élève officiellement madame de Mailly au rang de favorite. Louis XV la loge près de lui, dans l'intimité de ses cabinets de retraite qu'il a fait aménager dans l'attique du salon de la Guerre (117). Ces trois petites pièces qui étaient accessibles par les terrasses de son Petit Appartement sur la cour des Cerfs ont aujourd'hui disparu (cf. p. 200).

LA VALSE DES SŒURS DE NESLE

À peine le « grand secret » est-il révélé que la faveur de Louise-Julie de Mailly auprès du roi s'émousse. La jeune femme de vingt-huit ans ne goûte guère le scandale et finit par ennuyer Louis XV… qui jette alors son dévolu sur Pauline-Félicité de Nesle, sœur de la précédente. Il la marie pour la forme, en 1739, au marquis de Vintimille, âgé seulement de dix-neuf ans, petit-neveu de l'archevêque de Paris et qui rêve de coiffer le chapeau de cardinal. Au mois d'août 1741, le roi offre à sa nouvelle favorite un logement au bel étage du Petit Appartement du Roi sous couvert de l'attribuer au marquis de Meuse, lieutenant général des armées du

By the time that Louis XV's eighth daughter Louise was born in the summer of 1737, he was tiring of the secrecy of his adulterous relationship with the Countess of Mailly, daughter of the Marquis of Nesle and the queen's *dame d'honneur*. The end to physical intimacy between the royal couple was precipitated when Marie Leszczynska suffered a miscarriage in 1738; following the advice of her physicians, the queen refused the advances of the king who at that point officially appointed Madame de Mailly as his mistress. Louis XV housed her close to him in the privacy of the retreat rooms that he had set up in the attic above the War Room (117). These three small rooms, accessible via the terraces of his Small Apartment facing the Courtyard of the Stags, are no longer standing (cf. p. 200).

↑ Tableau des *Grâces* de Carle Vanloo (1765), entré dans la légende par l'identification supposée des modèles aux premières favorites de Louis XV, les trois sœurs de Nesle : Louise-Julie, comtesse de Mailly, Pauline-Félicité, comtesse de Vintimille, et Marie-Anne, marquise de La Tournelle – faite duchesse de Châteauroux par faveur royale en 1743.

Painting of the Graces *by Carle Vanloo (1765), legendary as the models are said to be Louis XV's first mistresses, the three Nesle sisters: Louise-Julie, Countess of Mailly, Pauline-Félicité, Countess of Vintimille, and Marie-Anne, Marquise of La Tournelle—who was made Duchess of Châteauroux by royal favor in 1743.*

roi. L'idylle est de courte durée puisque le 9 septembre 1741, madame de Vintimille meurt en donnant naissance à un fils, Charles ; sa ressemblance frappante avec le monarque lui vaudra le surnom de « Demi-Louis ».

Renouant avec madame de Mailly, sa première favorite, Louis XV se laisse alors séduire par la plus jeune des sœurs de Nesle, Marie-Anne, respectable veuve du marquis de La Tournelle, devenue dame du palais de la reine. En novembre 1742, cette troisième favorite obtient ce à quoi aucune de ses sœurs n'avait pu prétendre : une suite officielle et spacieuse dans

THE WALTZ OF THE NESLE SISTERS

Barely after the revelation of the "great secret," the king's enthusiasm for Louise-Julie de Mailly began to wane. The twenty-eight-year-old woman was hardly touched by scandal for Louis XV quickly turned his attention away from her... and cast it instead upon her sister, Pauline-Félicité de Nesle. For the sake of form, he arranged for the latter to marry, in 1739, the Marquis of Vintimille, aged only nineteen, grandnephew of the Archbishop of Paris who himself dreamed of becoming a cardinal. In August 1741, the king assigned his new mistress quarters on the *bel étage* of the King's Small Apartment while pretending to attribute them to the Marquis of Meuse, Lieutenant General of the King's Army. The idyll was short-lived, for on September 9, 1741, Madame de Vintimille died while giving birth to a son, Charles, whose striking resemblance with the monarch earned him the nickname "Demi-Louis."

l'attique Richelieu, au-dessus des salons du Grand Appartement du Roi (moyennant le déménagement des Matignon et du maréchal de Coigny), et le titre de duchesse de Châteauroux. C'est le fameux « appartement d'en haut » qu'évoque le duc de Cröy ; l'histoire a conservé le nom d'« appartement de madame de Pompadour », qui y vivra ses premières années de cour à la suite de madame de Châteauroux. L'épisode de Metz en août 1744 est en effet tragique pour Marie-Anne, répudiée officiellement par un roi agonisant, obligé par l'Église de se repentir. Elle s'éteint loin de Versailles (peut-être empoisonnée) le 8 décembre 1744. Le chagrin du souverain est immense ; il s'enferme au château de La Muette, puis dans sa campagne de Trianon et ne réapparaît qu'en février 1745, à l'occasion du mariage du dauphin.

AUPRÈS DE MADAME DE POMPADOUR

Au bal des Ifs, le 25 février 1745, la cour tout entière voit le roi s'entretenir avec une belle inconnue, à peine âgée de vingt-quatre ans, parée en Diane chasseresse : madame Le Normant d'Étioles, Jeanne-Antoinette Poisson de son nom de jeune fille. En mai, au retour de la campagne de Fontenoy, le roi installe sa nouvelle favorite dans l'appartement d'en haut. En juillet, elle se voit offrir le marquisat de Pompadour et un premier ermitage dans le parc du château. Ce n'est toutefois qu'à la paix retrouvée en 1748 (par le traité d'Aix-la-Chapelle) que madame de Pompadour entreprend de réaménager son appartement de l'attique, aujourd'hui recréé grâce à des legs de mobilier, dont celui de la duchesse de Windsor en 1986.

→ Bal masqué (ou bal des Ifs) donné le 25 février 1745 dans la galerie des Glaces pour le mariage du dauphin. C'est durant cette soirée qu'apparut pour la première fois à la cour madame Le Normant d'Étioles, future favorite connue sous le nom de madame de Pompadour.

The Bal des Ifs was the masked ball held on February 25, 1745 in the Hall of Mirrors to mark the dauphin's wedding. It was during this event that the court first beheld Madame Le Normant d'Étioles, the future mistress who would become Madame de Pompadour.

Renewing contact with Madame de Mailly, his first mistress, Louis XV then allowed himself to be seduced by the youngest of the Nesle sisters, Marie-Anne, the respectable widow of the Marquis of La Tournelle, who had become the queen's *dame du palais*. In November 1742, this third mistress was granted something that her sisters had failed to obtain: a spacious official suite in the Richelieu Attic above the salons of the King's Grand Apartment (after the Matignon family and the Marshal of Coigny were moved out), and the title of Duchess of Châteauroux. The Metz episode (when the king fell seriously ill after going to join the war action in the east) in August 1744 turned out tragically for Marie-Anne: at death's door, the king officially repudiated her when the Church forced him to repent. Marie-Anne would die (possibly from poisoning) far from Versailles, on December 8, 1744. Falling into the depths of grief, Louis XV shut himself away in La Muette Palace, then in his Trianon country house, only reappearing in February 1745 for the dauphin's wedding.

NEAR MADAME DE POMPADOUR

At the Bal des Ifs, a masked ball on February 25, 1745, the entire court witnessed the king talking with a beautiful stranger, barely twenty-four years old, dressed as Diana the huntress: Madame Le Normant d'Étioles, whose maiden name was Jeanne-Antoinette Poisson. In May, upon his return from a visit to the countryside of Fontenoy, the king set up his new mistress in the upstairs apartment. In July, she became the Marquise of Pompadour and was given a first hideaway in the park of the palace. It was only after peace was restored in 1748 (by the Treaty of Aix-la-Chapelle) that the mistress began revamping her attic apartment, today refurbished thanks to furniture coming from bequeaths, including that of the Duchess of Windsor in 1986.

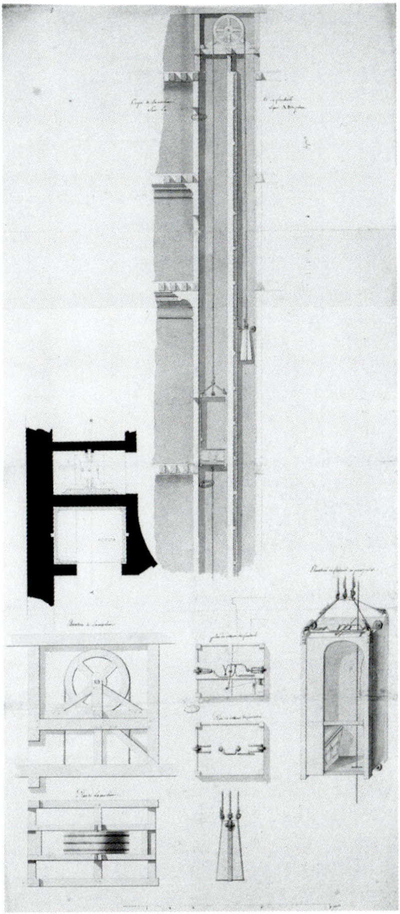

→ Coupes et plans de la chaise volante réalisée en 1743 par le mécanicien des Menus-Plaisirs, Blaise-Henri Arnoult, pour desservir l'appartement de madame de Châteauroux dans l'attique Richelieu (depuis la petite cour du Roi). Véritable ascenseur permettant de gravir deux étages, elle se manœuvrait au moyen d'une roue, d'un contrepoids… et de la force humaine.

Cross-sections and plans of the "flying chair," created in 1743 by the Menus-Plaisirs mechanic Blaise-Henri Arnoult, to reach the apartment of Madame de Châteauroux in the Richelieu Attic (from the King's Small Courtyard). This working lift allowing two floors to be climbed operated with the help of a wheel, a counterweight… and human might.

↑ Antichambre ⓫⓲ qui servait de salle à manger aux heures d'intimité (en haut), et chambre à coucher attenante de madame de Pompadour ⓬⓶ (en bas).

Antechamber ⓫⓲ used as an intimate dining room (above), and next door, Madame de Pompadour's chamber ⓬⓶ (below).

←↑↓ Ancienne chambre de madame de Châteauroux transformée, en 1748, en grand cabinet [119] par madame de Pompadour. À l'arrière de l'alcôve se trouve un cabinet de la chaise [123] et sa garde-robe attenante [124].

Former chamber of Madame de Châteauroux, transformed in 1748 into a grand cabinet [119] by Madame de Pompadour. At the back of the alcove was a commode room [123] and an adjoining wardrobe [124].

←↙ À l'arrière du cabinet intérieur de madame de Pompadour ⓬⓿, deux pièces entresolées sont attachées au service : une garde-robe ⓬❶ que surmonte la chambre de veille de la femme de chambre de madame de Pompadour, madame Du Hausset (entrée au service de la marquise en novembre 1746, restée célèbre pour ses *Mémoires*) ; au-delà, la favorite possédait un cabinet des Bains, dont l'aménagement a disparu (cf. p. 189).

At the back of Madame de Pompadour's inner cabinet ⓬⓿, there were two entresol service rooms: a wardrobe ⓬❶ topped by the watch room of her femme de chambre, *Madame du Hausset (who began serving the marquise in November 1746, and who remains well-known for her* Mémoires*); further along, the mistress had a bathroom whose fittings have disappeared (cf. p. 189).*

→↓ Escalier montant à la chambre de veille de la femme de chambre de madame de Pompadour, madame Du Hausset.

Staircase leading up to the watch room of Madame de Pompadour's femme de chambre, *Madame du Hausset.*

↑ Attique du salon de la Guerre, où, autour de la calotte de la voûte, le jeune Louis XV avait établi ses premiers cabinets de retraite 117. Au milieu des années 1730, il y logea discrètement madame de Mailly, sa première favorite.

Attic above the War Room, where, around the calotte of the vault, young Louis XV established his first retreat rooms 117. In the mid 1730s, this was where he discreetly housed Madame de Mailly, his first mistress.

← Cette aquarelle datée de 1748 permet d'imaginer les treillages de la volière de la terrasse (disparue) aménagée pour Louis XV auprès de sa salle à manger d'été, au deuxième niveau du Petit Appartement du Roi.

This watercolor dating from 1748 gives an idea of the trellises of the aviary on the terrace (destroyed) built for Louis XV near his summer dining room, on the third floor of the King's Small Apartment.

THE ORIGINS OF THE RICHELIEU ATTIC

In May 1751, Louis XV granted Madame de Pompadour a princely apartment on the ground floor (cf. p. 130). The marquise, well aware of her royal lover's penchant for young flesh—that at the age of thirty, she was no longer able to offer him –, handed over her attic quarters to one of her loyal supporters, the Duke of Ayen, Louis de Noailles. When the duke was not obliged to occupy the ground-floor apartment attached to his service as captain of the King's Bodyguards (cf. p. 127), he lived upstairs in these coveted quarters with his wife, Catherine-Françoise-Charlotte de Cossé-Brissac. There the latter would reside until 1789, with her neighbors being the Duke and Duchess of Maillé as well as the Duke of Richelieu (cf. p. 177). In the 19th century, this attic was named after Louis XV's confidant and "comrade" in royal romantic adventures.

LE DÉPART DE L'ATTIQUE RICHELIEU

En mai 1751, Louis XV concède à madame de Pompadour un appartement princier au rez-de-chaussée (cf. p. 130). La marquise, connaissant bien les goûts de son royal amant pour la jeunesse – ce qu'à l'âge de trente ans elle n'est plus en mesure de lui offrir –, donne son logement d'attique à l'un de ses fidèles, le duc d'Ayen, Louis de Noailles. Quand celui-ci ne doit pas occuper l'appartement du rez-de-chaussée attaché à son service de capitaine des gardes du corps du Roi (cf. p. 127), il y loge avec sa femme, Catherine-Françoise-Charlotte de Cossé-Brissac. Elle y vivra jusqu'en 1789 avec pour voisins le duc et la duchesse de Maillé ainsi que le duc de Richelieu (cf. p. 177), le « camarade » au cœur de toutes les confidences et de toutes les aventures amoureuses de Louis XV. Le XIXe siècle donnera son nom à l'attique de ces biens « logeants ».

↑ Escalier d'Épernon, repris au XIXe siècle, menant aux logements courtisans de l'attique Richelieu, à l'appartement de madame de Pompadour, puis du duc d'Ayen, aux appartements des ducs de Maillé et de Richelieu (remplacés par des réserves muséographiques). L'escalier doit son nom au surintendant des Bâtiments du roi, petit-fils de madame de Montespan, logé à l'attique au début du règne de Louis XV.

The Épernon Staircase, led to the courtiers' quarters in the Richelieu Attic: the apartment of Madame de Pompadour, then of the Duke of Ayen, and the apartments of the Duke of Maillé and the Duke of Richelieu, later replaced by museum reserves. The staircase owes its name to the superintendent of the King's Buildings, the Duke of Antin and of Épernon (grandson of Madame de Montespan), housed upstairs at the start of Louis XV's reign.

Le Petit Appartement du Roi
The King's Small Apartment

Jusqu'en 1766, Louis XV jouit pleinement de ce Petit Appartement, établi sous les combles du vieux château et sur plusieurs niveaux entresolés tout autour de la cour des Cerfs, et s'achevant par des terrasses. Il invite dans ses salles à manger et ses salons de jeux ses courtisans les plus intimes. La mort de madame de Pompadour, le 15 avril 1764, affecte toutefois profondément les habitudes royales. Louis XV reçoit de moins en moins, au point qu'on croit à « quelque regret [de sa part] du grand scandale longtemps donné à son peuple ». Au printemps de l'année 1766, le roi âgé de cinquante-six ans finit par offrir le bel étage du Petit Appartement à sa belle-fille, Marie-Josèphe de Saxe, veuve du dauphin.

L'EMMÉNAGEMENT DE « TRISTE PEPA »

Durant l'été 1766, le prolongement du degré du Roi d'un étage vise à offrir une desserte royale au nouvel appartement de la dauphine. Le bel étage du Petit Appartement du Roi, jusqu'alors lieu des plaisirs secrets, devient la demeure d'une malheureuse. Louis XV parle affectueusement de cette belle-fille comme la « Triste Pepa ». Marie-Josèphe de Saxe

→ Degré du Roi desservant le Petit Appartement du Roi 96 dans les combles du vieux châteaux.
The King's Staircase leading to the King's Small Apartment 96 under the eaves of the Vieux Château.

Until 1766, Louis XV had full use of this Small Apartment that he established under the eaves of the old palace and over several entresol levels all around the Courtyard of the Stags, topped by terraces. Only his closest courtiers were invited to the dining rooms and games rooms here. However, the death of Madame de Pompadour, on April 15, 1764, overturned the sovereign's habits. Louis XV began receiving guests less and less, to the extent that suspicions were raised that he harbored "some regret for the great scandal to which he long subjected his people." In the spring of 1766, the king, aged fifty-six, finally handed over the *bel étage* of his Small Apartment to his daughter-in-law Marie-Josèphe de Saxe, widow of the dauphin.

THE ARRIVAL OF "TRISTE PEPA"

During the summer of 1766, the King's Staircase was extended by one floor in order to offer access to the dauphine's new apartment. The *bel étage* of the King's Small Apartment, until then

↑→ Portrait de Marie-Josèphe de Saxe par Maurice-Quentin de La Tour en 1761. La dauphine est alors âgée de 30 ans ; elle perdra son fils aîné quelques mois plus tard. Cet événement tragique la plonge dans une affliction qui redouble avec la mort de son mari le 20 décembre 1765. La dauphine décède le 13 mars 1767 à 35 ans, dans sa chambre (à droite), initialement salle à manger d'hiver 101 du Petit Appartement du Roi. La pièce arbore toujours les boiseries rococo créées en 1738.

Portrait of Marie-Josèphe de Saxe by Maurice-Quentin de La Tour in 1761. The dauphine was aged thirty at the time, and would lose her eldest son a few months later. This tragic event immersed her in turmoil that only increased with the death of her husband on December 20, 1765. The dauphine passed away on March 13, 1767 at the age of thirty-five, in her chamber (right), originally the winter dining room 101 of the King's Small Apartment. The room still displays rococo woodwork created in 1738.

demeure accablée par la mort du dauphin qu'elle a soigné jusqu'à son trépas, survenu le 20 décembre 1765. Son dévouement lui est fatal puisqu'elle-même contracte le mal qui a emporté son époux ; elle rend l'âme dans sa nouvelle chambre le 13 mars 1767, assistée par le roi dans ses derniers instants.
Durant son court séjour de sept mois chez le roi, la dauphine n'a guère le loisir de bousculer l'agencement des pièces, seulement transformées dans leurs usages. Côté cour de Marbre, l'enfilade du salon d'angle 98 et de la Petite Galerie de Louis XV – actuels 100 et 104 – devient la pièce des Nobles et le grand cabinet de la dauphine. Sur la cour des Cerfs, Louis XV ayant transformé en 1763 l'enfilade de ses salles à manger – 101 et 102 – en une suite de chambres pour ses bains 103,

the domain of secret pleasures, became the abode of an unhappy woman. Louis XV affectionately referred to his daughter-in-law as "Triste Pepa," for Marie-Josèphe de Saxe remained afflicted by the death of the ailing dauphin for whom she had cared until he succumbed on December 20, 1765. Her devotion proved fatal as she herself contracted the disease that vanquished her husband; she breathed her last in her new chamber on March 13, 1767, attended by the king in her final moments.
During her short seven-month stay in the king's palace, the dauphine hardly had the time to overturn the organization of the rooms, but only altered their functions. Facing the Marble Courtyard, the enfilade composed of the Corner Room 98 and Louis XV's Small Gallery—today's 100 and 104—became the Nobles' Room and the Grand Cabinet of the Dauphine. Overlooking the Courtyard of the Stags, following Louis XV's 1763 transformation of the enfilade of dining rooms— 101 and 102— into a bathroom suite 103, a chamber and inner room were created for the dauphine. Beyond the bathroom 103, still overlooking the Courtyard of the Stags, the king's library gallery (currently Louis XVI's Lathe Gallery) (cf. p. 188) 108 was converted into a wardrobe for the dauphine, and maintained as such between 1769 and 1774 by Madame Du Barry, the future mistress of the premises (cf. p. 208).

sont établis la chambre à coucher et le cabinet intérieur de la dauphine. Au-delà du cabinet des Bains (103), sur la cour des Cerfs, la galerie de la bibliothèque du roi (actuelle galerie du tour de Louis XVI) (cf. p. 187) (107) est transformée en garde-robe pour la dauphine, affectation maintenue de 1769 à 1774 pour madame Du Barry, future maîtresse des lieux (cf. p. 208).

←↑→ En 1763, Louis XV fractionne sa deuxième salle à manger d'hiver pour créer une antichambre (102) et un cabinet des Bains (103), les rehaussant de tons jonquille, lilas et bleu jonquille. En 1766, on établit dans la première le cabinet intérieur de la dauphine. Madame Du Barry, qui lui succède en 1769, choisit d'en faire l'antichambre des Buffets, rétablissant la fonction originelle de salle à manger tout en maintenant la pièce d'eau et la garde-robe voisine sur la cour des Cerfs (107).

In 1763, Louis XV divided up his second dining room to create an antechamber (102) and a bathroom (103), sprucing them up with jonquil, lilac and blue-jonquil tones. In 1766, the first was made into the dauphine's inner room. Madame Du Barry, who succeeded her in 1769, elected to turn it into the Buffet Antechamber, restoring its original function as a dining room while keeping the bathroom overlooking the Courtyard of the Stags (107).

← Buste en terre cuite (par Augustin Pajou en 1773) de la comtesse Du Barry à l'âge de 30 ans, trônant sur la cheminée de son grand cabinet 100.
Terracotta bust (by Augustin Pajou in 1773) of the Countess Du Barry at the age of thirty, presiding over the fireplace of her grand cabinet 100.

AU SÉJOUR DE MADAME DU BARRY

Au début de l'été 1768, Louis XV devient veuf. Alors que la cour endosse l'habit noir, les intimes du roi manœuvrent en sous-main. Dans le lupanar parisien du comte Du Barry, les ducs de Richelieu et d'Ayen ont leurs habitudes ; ils repèrent une certaine mademoiselle Bécu et organisent une rencontre secrète avec le roi. La beauté de Jeanne Bécu subjugue immédiatement Louis XV qui se laisse aussi charmer par la désinvolture et le caractère franc de la jeune femme de vingt-cinq ans. Elle éveille chez le roi âgé une passion qui le conduit à un coup d'éclat : il établit sa nouvelle maîtresse à la cour. L'opération nécessite l'habillage d'un mariage de respectabilité et la complicité d'une « marraine ». Le 1er septembre 1768, la belle est en toute hâte mariée au frère célibataire du comte Du Barry, ensuite prié de retourner en province moyennant une rondelette compensation. La comtesse de Béarn, endettée, accepte de présenter cette toute fraîche madame Du Barry à la cour, le

DURING MADAME DU BARRY'S STAY

At the start of the summer of 1768, Louis XV became a widower. While the court donned the black of mourning, the king's intimates engaged in a bit of underhand maneuvering. The Dukes of Richelieu and of Ayen—regulars at the Parisian bordello owned by the Count Du Barry—identified a certain Mademoiselle Bécu and organized for a secret rendezvous between her and the king. Louis XV was immediately won over by the beauty of twenty-five-year-old, and charmed by her offhanded frankness. The passion that Jeanne Bécu stirred in the ageing king led to his grand gesture of setting her up at court. But the operation required the guise of a respectable marriage and the complicity of a "godmother." Accordingly, on September 1, 1768, the fair lady was hastily married off to the bachelor brother of the Count Du Barry who was then kindly requested to withdraw to the countryside in exchange for a tidy sum. Next, the debt-ridden Countess of Béarn agreed to introduce Madame Du Barry, fresh as dew, to court, on April 22, 1769. The king installed his new mistress on the *bel étage* of his Small Apartment, forcing the court to pay its

↑ Antichambre 96 aménagée lors de l'extension du degré du Roi en 1766. Le buffet à droite de la cheminée renferme le service en porcelaine de Sèvres livré pour madame Du Barry en 1769. La pièce précède le salon d'angle 98 et mène, par un petit escalier de trois marches, à la bibliothèque 97 rattachée à l'appartement lors de l'installation de madame Du Barry.

Antechamber of the King's Small Apartment 96, fitted out during the extension of the King's Staircase in 1766. The buffet to the right of the fireplace holds the Sèvres porcelain set delivered for Madame Du Barry in 1769. The room precedes the Corner Room 98 and leads, via a small three-step staircase, to the library 97 attached to the apartment when Madame Du Barry moved in.

↑↑ La bibliothèque 97 aménagée pour madame Du Barry était, avant 1769, à la disposition de la fille aînée de Louis XV, Madame Adélaïde. Cette pièce en étage se situe au-dessus du Cabinet doré 76 alors intégré à l'appartement intérieur du Roi (cf. p. 162).

The library 97 given to Madame Du Barry was, prior to 1769, at the disposal of Louis XV's daughter Madame Adélaïde. This upstairs room was located above the Golden Cabinet 76 that, at that time, was integrated into the King's interior apartments (cf. p. 162).

↓→ Après le souper, les convives de la favorite regagnent les salons ouvrant sur la cour de Marbre – le salon d'angle ⓽⓼ (à droite) et le grand cabinet de madame Du Barry ⓵⓪⓪ (en bas) – pour s'asseoir à des tables de jeux et prolonger la soirée jusque tard dans la nuit, dans une atmosphère que l'on prétend franche et décontractée.

After supper, the mistress' guests proceeded to the salons overlooking the Marble Courtyard—the Corner Room ⓽⓼ (right) and Madame Du Barry's grand cabinet ⓵⓪⓪ (below)—to linger at games tables far into the night, in an atmosphere said to be open and relaxed.

↑ Porte du salon d'angle ouvrant sur un réduit aménagé sous la pente du toit. Il abritait autrefois la braisière ❾❾ sur laquelle Louis XV faisait chauffer lui-même son café après avoir torréfié les grains à la poêle.

Door of the Corner Room opening onto a recess under the eaves that once held the brazier ❾❾ on which Louis XV heated his coffee himself after roasting coffee beans on the wood-burner.

↑↑ La chambre à coucher de madame Du Barry 104 conserve un lit de repos à la turque qui fut très certainement commandé pour son appartement intérieur du château du Petit Trianon. Il remplace ici le lit à colonnes de la favorite qui se trouvait sur le côté droit de la chambre.

Madame Du Barry's chamber 104 *holds a* lit à la turque *that was most likely ordered for her interior apartments at the Petit Trianon. It replaces the four-poster bed that once stood on the right-hand side of the room.*

←→↓ Dans la chambre à coucher de madame Du Barry, une porte dérobée communique avec la bibliothèque des combles ⓫⓹ établie par Louis XV au-dessus du cabinet du Conseil ㊻. Les arrières de la pièce, sur la cour des Cerfs, sont formés d'un corridor de service qui dessert le cabinet de la chaise hydraulique ⓾⓹ et la chambre de veille de madame Bodin ⓾⓺, femme de chambre de la comtesse.

In Madame Du Barry's chamber, a hidden door leads to the attic library ⓫⓹ that Louis XV had put in above the Cabinet of the Council ㊻. Behind the chamber, facing the Courtyard of the Stags, is a service corridor leading to the hydraulic-commode room ⓾⓹ and the watch room of Madame Bodin ⓾⓺, the countess' femme de chambre.

22 avril 1769. Le roi installe sa nouvelle favorite au bel étage de son Petit Appartement, obligeant la cour à honorer le salon d'une sultane qui ne dissimule pas son goût pour le luxe.
Le mobilier est entièrement renouvelé, commandé aux meilleurs maîtres, et l'enfilade des pièces sur la cour de Marbre est réaménagée : le salon d'angle 98 reçoit vingt-quatre chaises et fauteuils, un grand canapé, des tables de jeux ainsi qu'un orgue. L'ancien grand cabinet de la dauphine est divisé pour établir celui de madame Du Barry 100 ainsi que sa chambre à coucher 104. La reprise des boiseries redorées s'harmonise parfaitement avec les lambris rococo conservés à l'embrasure profonde des fenêtres. L'enfilade des trois pièces s'ouvre au midi ; malgré le plafond bas, c'est le meilleur emplacement du château. Sur la cour des Cerfs, l'agencement initial des pièces est rétabli avec la salle à manger d'hiver 101 et une antichambre pour les buffets 102, tandis que la dernière pièce, le cabinet des Bains 103, est maintenue dans sa fonction. Louis XV offre à sa favorite une bibliothèque 97, l'ancienne bibliothèque des combles de sa fille aînée Adélaïde, priée de quitter le premier étage pour le rez-de-chaussée (cf. p. 162). Ce transfert permet dès lors à madame Du Barry d'installer de plain-pied sa belle-sœur, mademoiselle Chon Du Barry, dans l'appartement des combles – 110, 111 et 112 – qui logeait la dame d'honneur d'Adélaïde, la duchesse de Beauvilliers.

LES DERNIERS SEIGNEURS DE LOUIS XVI

Dans la nuit du 10 mai 1774, alors que Louis XV vient tout juste de mourir, Louis XVI use d'une lettre de cachet pour envoyer la comtesse Du Barry au couvent de Pont-aux-Dames. Le bel étage du Petit Appartement du Roi est divisé pour former deux logements de fonction : les pièces ouvrant sur la cour de Marbre sont concédées au duc de Villequier, premier gentilhomme de la Chambre du roi, tandis que celles ouvrant sur la cour des Cerfs sont attribuées au premier valet de chambre, Marc-Antoine Thierry de Ville-d'Avray, passant pour avoir exercé « une influence intime assez forte » sur Louis XVI. Le roi fait intégrer une partie de l'ancienne garde-robe à

respects to a woman with an undisguised yen for luxury. The quarters were entirely refurbished by the top craftsmen, and the enfilade of rooms overlooking the Marble Courtyard was reorganized: the Corner Room 98 was endowed with twenty-four chairs and armchairs, a large couch, games tables as well as an organ. What was once the Grand Cabinet of the Dauphine was divided in two to make a cabinet 100 and a chamber 104 for Madame Du Barry. Regilded woodwork provided a perfect match for the rococo paneling on the deep window frames that was preserved. The enfilade of three rooms faced southward; despite the low ceilings, this was the prime position in the palace. Overlooking the Courtyard of the Stags, the original room layout was reestablished by reverting to the winter dining room 101 and an antechamber for buffets 102, whereas the last room remained a bathroom 103. Louis XV gave his mistress a library 97, the attic library formerly belonging to his daughter Adélaïde, who was asked to leave the second floor for the ground floor (cf. p. 162). This changeover enabled Madame Du Barry to house her sister-in-law Mademoiselle Chon Du Barry within easy reach of her quarters, in the attic apartment— 110, 111 and 112—that once housed Adélaïde's *dame d'honneur*, the Duchess of Beauvilliers.

→ Marc-Antoine Thierry, baron de Ville-d'Avray, peint par Alexandre Roslin en 1790, à l'âge de 58 ans. Premier valet de chambre, intendant du Petit Appartement du Roi et du Garde-meuble de la Couronne, il est l'homme de confiance et de toutes les confidences de Louis XVI qui le loge dans le Petit Appartement du Roi à la suite de madame Du Barry. Il sera tué lors des massacres de septembre 1792 à la prison de l'Abbaye à Paris.

Marc-Antoine Thierry, Baron of Ville-d'Avray, painted by Alexandre Roslin in 1790, at the age of fifty-eight. First Valet de Chambre, intendant of the King's Small Apartment and the Crown's Garde-Meuble, he was a reliable man who had Louis XVI's full trust, and was housed in the King's Small Apartment as Madame Du Barry's successor. He would be killed during the September 1792 massacres at the Prison de l'Abbaye in Paris.

↓ Antichambre de l'appartement du comte de Maurepas (110), autrefois desservie par l'escalier des « salles neuves » (disparu au XIXe siècle) de l'appartement intérieur du Roi.

Antechamber of the apartment of the Count of Maurepas (110), formerly connected to the "New Rooms" Staircase (destroyed in the 19th century) serving the King's interior apartments.

ses cabinets scientifiques, pour en faire sa galerie du tour ⓾ (cf. p. 187).
Madame Du Barry ne reste pas plus d'un an en cellule grâce à un homme de l'ombre, le comte de Maurepas, qui avait lui-même subi un exil de vingt-trois années après s'être frotté à madame de Pompadour pour une affaire de libelles. Rappelé par Louis XVI, le comte devient son « mentor », son Premier ministre sans le titre. Dans ses *Mémoires*, le prince de Montbarrey souligne ce que tout le monde perçoit à la cour : « Le premier quart d'heure de son

LOUIS XVI'S LAST LORDS

During the night of May 10, 1774, just after Louis XV's death, Louis XVI sent a sealed letter to the Countess Du Barry, ordering her away to the Pont-aux-Dames Convent. The *bel étage* of the King's Small Apartment was then divided to form two official

↑ Grand cabinet du comte de Maurepas, salle de travail d'un appartement de trois pièces concédé par Louis XVI à son ministre de l'ombre et mentor.

Grand cabinet of the Count of Maurepas, the work room of a three-room apartment given by Louis XVI to his minister in the shadows and mentor.

residences: the rooms overlooking the Marble Courtyard were granted to the Duke of Villequier, the First Gentleman of the King's Chamber, while those overlooking the Courtyard of the Stags were attributed to the First Valet de Chambre, Marc-Antoine Thierry de Ville-d'Avray who apparently exercised "quite a strong personal influence" on Louis XVI. By attaching part of the former wardrobe to his scientific rooms, the king established his Lathe Gallery (107) (cf. p. 187).

Madame Du Barry stayed no more than one year at the convent thanks to the intervention of a shadowy figure, the Count of Maurepas, who himself had been subject to a twenty-three-year exile after rubbing Madame de Pompadour up the wrong way in a case of libel. Summoned back to court by Louis XVI, the count became the sovereign's "mentor," his unofficial prime minister. In his *Mémoires*, the Prince of Montbarrey pointed out what was obvious to the whole court: "within the first quarter-hour of moving in, he gave the impression that he occupied a space that he had never left."

Louis XVI discreetly set up the Count of Maurepas close to him, in an apartment adjoining the King's Small Apartment in which Madame Du Barry had housed her sister-in-law Mademoiselle Chon Du Barry. The count's antechamber (110) was connected by the "New Rooms" Staircase (destroyed in the 19th century) to the king's work rooms (cf. p. 156). In this way, Louis XVI was able to drop in at the count's quarters upstairs early in the morning and work in his grand cabinet (111) or even in his chamber (112). Maurepas remained in Versailles until his death on November 21, 1781, at the age of eighty.

Emancipated from the count, for better or for worse, Louis XVI went on to entrust the quarters to the Grand Breadmaster of France, the

installation, il eut l'air d'occuper une place qu'il n'avait jamais quittée. »
Louis XVI l'installe discrètement auprès de lui dans un appartement attenant au Petit Appartement du Roi qu'avait rattaché madame Du Barry pour loger sa belle-sœur, mademoiselle Chon Du Barry. L'antichambre ⓫⓪ se voit desservie par l'escalier des « salles neuves » (disparu au XIXe siècle) qui communique avec les cabinets de travail du roi (cf. p. 156). De la sorte, Louis XVI peut monter chez le comte tôt dans la matinée et travailler dans son grand cabinet ⓫⓫ ou parfois même dans sa chambre à coucher ⓫⓬. Maurepas demeure à Versailles jusqu'à sa mort, le 21 novembre 1781, à l'âge de quatre-vingts ans. Louis XVI, émancipé bon gré mal gré, installe à sa suite le grand panetier de France, le duc de Brissac, en charge du couvert de la table royale pour les grandes cérémonies. Capitaine colonel des Cent-Suisses de la garde du Roi et gouverneur de Paris, le duc dirigera la garde constitutionnelle du Roi en 1792. Le 9 septembre 1792, il est arrêté et égorgé par des émeutiers ; sa tête ensanglantée est lancée par une fenêtre dans le salon du château de sa maîtresse, madame Du Barry.

Duke of Brissac, in charge of laying the royal table for grand ceremonies. Captain-colonel of the Swiss Hundred amongst the King's Bodyguards and governor of Paris, the duke commanded the king's Constitutional Guard in 1792. He however came to a bloody end when rioters apprehended him and cut his throat on September 9, 1792; his severed head was thrown through an open window of the palace of his mistress, Madame Du Barry.

→ Garde-robe à l'arrière de la chambre à coucher du comte de Maurepas ⓬.
Wardrobe at the back of the Count of Maurepas' chamber ⓬.

↓ Chambre à coucher ⓬ du comte de Maurepas.
Chamber ⓬ of the Count of Maurepas.

Ce livre n'aurait pu exister sans le concours de personnalités soudées par la passion de Versailles et par le désir de montrer un château tel qu'on l'ignore le plus souvent. Je remercie en premier lieu Catherine Pégard, présidente de l'Établissement public du château, du musée et du domaine national de Versailles, qui a permis la réalisation de ce projet. Ma gratitude va également à Jean-Vincent Bacquart, directeur des éditions du château de Versailles, et à ses collaboratrices, Anne Déon et Corinne Thépaut-Cabasset, pour leur soutien constant et leur aide précieuse. Merci également à Yves Carlier pour sa relecture scientifique et son implication dans le projet. Enfin, je ne saurais oublier dans ces remerciements Christophe Fouin dont le lecteur découvrira les photographies révélant souvent plus éloquemment que les mots la magie et l'esprit d'un Versailles intime.

This book could not have come into existence without the cooperation of a few people united by a passion for Versailles and a desire to show the palace in a way in which it is rarely seen. My thanks first and foremost to Catherine Pégard, President of the Établissement Public du Château, du Musée et du Domaine National de Versailles, who enabled this project to be concretized. I am also grateful to Jean-Vincent Bacquart, in charge of the publishing department of the Château de Versailles, and his colleagues Anne Déon and Corinne Thépaut-Cabasset, for their constant support and valuable help. Thanks also to Yves Carlier for his scholarly proofreading and his involvment in this project. Finally, I must of course thank Christophe Fouin whose photographs often provide a more eloquent revelation than words of the magical atmosphere of Versailles' intimate side.

CRÉDITS PHOTOGRAPHIQUES

Toutes les photographies de cet ouvrage sont © Château de Versailles (dist. RMN-Grand Palais)/Christophe Fouin, sauf :

© Archives Alinari, Florence (dist. RMN-Grand Palais)/Nicola Lorusso : p. 20 ; © Bibliothèque municipale de Versailles, Cartes et plan, Réserve 4 : p. 59b ; © Bnf : p. 27, 119h ; © BnF (dist. RMN-Grand Palais) : BnF : p. 93 ; © BPK, Berlin (dist. RMN-Grand Palais)/image BstGS : p. 130 ; © Bridgeman Images : p. 193 ; © Château de Versailles (dist. RMN-Grand Palais)/Christian Milet : p. 151 ; © Château de Versailles (dist. RMN-Grand Palais)/Jean-Marc Manaï : p. 35, 148, 181 ; © Collection Raphaël Gaillarde (dist. RMN-Grand Palais)/Raphaël Gaillarde : p. 28-29, 30h, 116-117, 118 ; © Collection du palais Pitti (Florence)/DR : p. 30b ; © Droits réservés : p. 46g ; © Paris-Musée de l'Armée (dist. RMN-Grand Palais)/Image musée de l'Armée : p. 125b ; © Musée des Beaux-arts de la Ville de Reims/Photo Christian Devleeschauwer : p. 69 ; © RMN-Grand Palais (Château de Blérancourt)/Michel Urtado : p. 96h ; © RMN-Grand Palais (Château de Versailles)/Daniel Arnaudet : p. 33 ; © RMN-Grand Palais (Château de Versailles)/Philipp Bernard : p. 22 ; © RMN-Grand Palais (Château de Versailles)/Gérard Blot : p. 31, 38, 76, 101, 113, 128b, 153, 169b ; © RMN-Grand Palais (Château de Versailles)/Gérard Blot/Jean Schormans : p. 133 ; © RMN-Grand Palais (Château de Versailles)/Franck Raux : p. 56 ; © RMN-Grand Palais (Château de Versailles)/Jean Popovitch : p. 131g ; © RMN-Grand Palais (Château de Versailles)/Jean Schormans : p. 34 ; © RMN-Grand Palais (musée du Louvre)/Tony Querrec : p. 204 ; © Photo RMN-Grand Palais/Droits réservés : p. 135h ; © SCN-Archives Nationales, avec le soutien du LabEx Patrima/Alain Ollier/Pierre Grand : p. 70 ; © SCN-SCN Archives nationales, avec le soutien du LabEx Patrima/Marc Paturange : p. 119b ; © SCN-SCN Archives nationales, avec le soutien du LabEx Patrima : p. 46d, 145, 195h, 200b ; © The Trustees of the Wallace Collection : p. 177 ; © Wikimedia Commons : p. 43, 195b.

ÉDITION François Besse
COORDINATION ÉDITORIALE Mathilde Kressmann
RELECTURE-CORRECTION DU FRANÇAIS Marie-Flore Limal
TRADUCTION ET RELECTURE DE L'ANGLAIS Fui Lee Luk
AVEC LA COLLABORATION DE Mathilde Bouron

DIRECTION ARTISTIQUE Isabelle Chemin
MAQUETTE Anne Delbende
CARTOGRAPHIE Aurélie Boissière • boiteacartes.fr

Ouvrage édité en partenariat avec l'Établissement public du château, du musée et du domaine national de Versailles.
Jean-Vincent Bacquart, chef du service des éditions
Corinne Thépaut-Cabasset
Merci à Mme Elisabeth Loudenot pour sa vigilance.

Achevé d'imprimer en France en décembre 2016 sur les presses de l'imprimerie SEPEC - 12533161003
ISBN 978-2-84096-944-0
Dépôt légal avril 2015

PEFC™ 10-31-1470 / **Certifié PEFC** / Ce produit est issu de forêts gérées durablement et de sources contrôlées. / pefc-france.org